JN194850

ランドマーク

地域アイデンティティの表象

津川康雄

古今書院

まえがき

　景観（ランドスケープ）の一要素であるランドマークは，狭義には陸地の目印，陸標，土地の境界標ということになるが，筆者にとってのランドマークは地理的空間における景観要素の一つであり，人間の行動を支え，地域のシンボルになるなど多岐に及ぶ特性を見出すことが可能な広義の存在である。そして，意味（ミーニング）が備わったランドマークは，地域アイデンティティを表象するものとして地域の中で位置づけられ，人々に認知・認識される対象となる。

　人間は自然環境に順応・適応し，改変するなどして長い歴史の中で社会生活を営んできた。こうした地理的空間における生活の場が成立する中で，様々な景観が形成されてきた。景観は自然景観そのものである場合や，自然景観に人文景観が融合する中で成立する場合もある。人間があらゆる意味での空間行動を基本として生きる限り，景観との関係は密接なものとなり，記憶や心理的要因となって個々人の空間イメージや原風景が形作られていく。人々は日々，五感を働かせることによって生活を営んでいる。とくに視覚は多くの行動情報を獲得するのに欠かせず，人間の感情にも大きく作用し，感性を育むことにも結びついている。人間の視覚は景観を捉えるために色や形，明暗を判断し，各種の景観要素を認知・認識し，その過程で人々は景観要素としての各種ランドマークを特異点として位置づけている。

　他方，地域の景観は各種の景観要素から成り立ち，顕著なものは地域のシンボルとして位置づけられ，地域性を育む要素としても重要な役割を果たしている。それらはランドマークとして認識され，アイストップとして認識レベルの違いはあるにせよ人々の空間行動を支え，地域におけるアメニティの要素とし

て捉えられることもある。また，都市プランや空間計画を行う際に，ランドマークを中心に立案されることも多い。

　本書はランドマークのもつ諸要件を各種の事例から明らかにし，景観要素としてのランドマークがいかに人間の空間行動や感性に作用し，地域における存在として重要な要素であり，地域づくりやまちづくりに寄与する可能性があるのかを追究したものである。そして，ランドマークが地域アイデンティティを表象する存在であることを明らかにし，景観研究におけるランドマークの位置づけを模索したものである。本書の構成と内容は以下のとおりである。

　序章では，ランドマーク研究の展開やランドマークの成立と，その基本要件についてまとめた。都市のイメージの説明にランドマークを位置づけたリンチ（Lynch, K.），空間認知をアンカー・ポイント仮説により説明したゴレ（リ）ッジ（Golledge, R, G.）を取り上げ，基本概念とした。そして，空間・景観・場所・風景にランドマークがどのように位置づけられるのかについて「図」と「地」との関係，アイストップ，景観の構図との関わりについて論じた。さらに，象徴性，記号性，場所性，視認性・認知性などの諸特性に着目しつつ検討した。

　第 1 章では景観とアメニティの関係を，ランドマークとしての花時計の成立とその経緯や，伝播のプロセスを通じて検討した。イギリス・スコットランドのエディンバラで誕生した花時計は，世界そして日本に伝わった。時計工業で名高いスイスの国際都市ジュネーブ，そこに設置された花時計が日本初の花時計として神戸に伝わった経緯，さらに東京の品川区とジュネーブとの結びつきなどに触れ，花時計が都市のアメニティ効果を発揮する存在となったことや，日本各地につくられるに至ったことを明らかにした。

　第 2 章は都市のシンボルとして位置づけられることの多いタワーを取り上げ，都市空間や都市計画におけるアイストップの効果とその役割，テクノランドマークの形成過程について論じた。とくに，日本におけるテレビ塔建設の経緯を名古屋と札幌の事例を中心に説明し，シンボルゾーンの形成，都市軸や座標との関係について言及した。

　第 3 章は景観要素としての山をランドマーク・マウンテンとして類型的に整理し，その役割についてまとめた。それは地域や都市のシンボル，空間認識ポ

イント，アイストップ，ビューポイントなどの諸特性を発揮し，ランドマークとして深く人々の生活に関わっていることが予想されるためである。事実，本章で取り上げた北海道函館の函館山は，観光対象としてアイストップ，ビューポイントとして重要な役割を担っていることが明らかになった。

　第4章は地理的特異点とランドマークの関係を考察した。地理的空間においては，自然的，人文的もしくは両者が重合した地理的特異点が存在する。そのような場所は人々にとり目標点，目印として認知点になりやすく，特別な場所性や地域アイデンティティが付加される可能性が高い。ここでは，そのような地点に成立するランドマークの事例を整理し，両者の関係を明らかにした。その結果，地理的特異点が意味ある場所として認識されると，ランドマークとしての構造物やモニュメントが置かれ，ランドマーク化する可能性の高さが確認された。

　第5章は，都市プランとランドマークの関係について分析するために，計画的都市プランが施された都市を取り上げた。具体例として，東京の国立，田園調布そして，都市プランが複合する都市として北海道の北見市を事例に検討した。その結果，街路が放射状，環状，直交型等に造られ，鉄道駅が中心的位置に置かれることにより，空間認識の容易な都市空間になるよう意図的に計画されていることが確認できた。ランドマークが都市空間を構造化する機能を有することが明らかになった。

　第6章は，計画的都市プランが施された東京の国立市が，都市景観の形成に配慮した取り組みを行ってきた経緯と，ランドマークとしての国立駅や学園都市建設との関係，大学通りにおける並木の整備とビスタ・アイストップ型景観の創出について考察した。また，国立駅舎の保存など，景観保全の取り組みの経緯について言及した。ちなみに，良好な景観形成には，住民，行政といった私的・公的な努力の積み重ねが求められることが判明した。

　第7章は記号性を強く発揮するランドマークをランドサインと位置づけ，認識レベルの相違や意味（ミーニング）を明らかにし，そこに地域アイデンティティが生まれ，地域イメージが醸成されるプロセスを分析した。世界的に知られたハリウッドサインの成立過程とロサンゼルス，映画産業の関係，港町神戸

の錨・市章などには，地域に根ざした成立理由が存在することが明らかになった。

　第8章では，ビスタ・アイストップ型の景観構図，パースペクティブ効果を支えるランドマークについて追究した。景観の構図における遠近感は，人々の視線を引きつけ誘導する効果をもたらす。そこで，視点の位置と視線の方向により，様々なビスタ・アイストップ型の構図が認められることを事例研究した。とくに，庭園や公園，街路設計に一点透視的な構図が取り込まれ，左右対称の安定感を醸成する例が数多く認められた。

　第9章は，人々の空間認識をより明確化する役割を果たすランドマークに対して，主に地理的慣性の視点からその形成過程や継続性を明らかにすることを目的とした。具体的には城下町起源の都市における城郭，塔（タワー），鉄道駅，歴史的建築物を取り上げた。そこには，少なからず意味（ミーニング）の存在が前提条件であり，パブリックイメージとしての高まりが，ランドマークの継続性に結びつくことが判明した。

　以上のように，本書はこれまでに筆者が発表した論文を中心に構成されており，ランドマークのもつ象徴性，記号性，場所性，視認性・認知性などの諸特性が地理的空間にいかに展開するのかを明らかにし，その要件を整理するとともに，前著『地域とランドマーク』に続くランドマークを明確化するためのささやかな試みである。なお，本書中の写真は一部を除き，筆者の撮影によるものである。

目　次

まえがき ……………………………………………………………………… i

序　章 ……………………………………………………………………… 1

1. ランドマークとは何か ………………………………………………… 1
2. ランドマーク研究の展開 ……………………………………………… 2
   (1) 都市のイメージとリンチ（Lynch, K.） ………………………… 2
   (2) 空間認知とランドマーク（Golledge, R. G.） ………………… 7
3. ランドマークの成立と要件 …………………………………………… 7
   (1) ランドマークの基本要件 ………………………………………… 7
   (2)「図（figure）」と「地（background）」の関係 ……………… 9
   (3) アイストップとランドマークの関係 …………………………… 11
   (4) 景観の構図とランドマークの関係 ……………………………… 11
   (5) 地理的特異点とランドマークの関係 …………………………… 12
4. ランドマーク研究の視点 ……………………………………………… 13
   (1) 象徴性 ……………………………………………………………… 13
   (2) 記号性 ……………………………………………………………… 20
   (3) 場所性 ……………………………………………………………… 21
   (4) 視認性・認知性 …………………………………………………… 22
5. ランドマークの成立過程 ……………………………………………… 23

第1章　アメニティとしてのランドマークとその伝播 ……………… 25

1. 景観とアメニティ ……………………………………………………… 25
   (1) 景観とアメニティ ………………………………………………… 25
   (2) 花時計成立の経緯と伝播（diffusion） ………………………… 26

2. ジュネーブの都市景観とランドマーク ……………………………………… 31

  （1）ジュネーブの概観 …………………………………………………………… 31

  （2）都市空間の形成とランドマーク ……………………………………… 32

  （3）都市のアメニティと花時計 ……………………………………………… 35

3. 花時計の伝播と都市景観 ……………………………………………………… 37

  （1）日本の花時計 ……………………………………………………………… 37

  （2）神戸市と花時計 …………………………………………………………… 40

  （3）品川区とジュネーブの関係 ……………………………………………… 43

4. 都市景観のアメニティとランドマーク ………………………………………… 47

第2章　ランドマークとしてのタワーの役割 …………………… 49

1. 都市のシンボル ………………………………………………………………… 49

2. 都市空間の認知とランドマークの関係 ……………………………………… 50

  （1）パリにおける都市軸の形成とアイストップの成立 ………………… 50

  （2）アイストップとビューポイントの成立 ……………………………… 52

3. テクノランドマークの形成 …………………………………………………… 54

  （1）テクノスケープの形成 …………………………………………………… 54

  （2）テレビ塔建設の歴史 ……………………………………………………… 55

4. シンボルゾーンの形成とテレビ塔 …………………………………………… 56

  （1）戦災復興と100m道路の造成 ………………………………………… 56

  （2）テレビ塔建設の過程とその意義 ……………………………………… 58

  （3）テクノランドマークの時代性 ………………………………………… 61

5. まとめ …………………………………………………………………………… 63

第3章　景観要素としてのランドマーク・マウンテン ……… 67

1. ランドマーク・マウンテンとは何か ………………………………………… 67

2. ランドマーク・マウンテン成立の経緯とその役割 ………………………… 68

  （1）シンボルとしてのランドマーク・マウンテン ……………………… 68

  （2）空間認識ポイントとしてのランドマーク・マウンテン …………… 72

目　次　vii

（3）　三角点とランドマーク・マウンテン ……………………………… 73

（4）　ランドサインとランドマーク・マウンテン ……………………… 74

（5）　技術発達とランドマーク・マウンテンの関わり ………………… 74

3.　函館の都市形成とランドマーク・マウンテン ………………………… 75

（1）　函館の都市形成 …………………………………………………… 75

（2）　ランドマーク・マウンテンとしての函館山 …………………… 77

（3）　夜景の効果と函館山 ……………………………………………… 80

4.　室蘭の都市形成とランドマーク・マウンテン ………………………… 80

（1）　室蘭の都市形成 …………………………………………………… 80

（2）　ランドマーク・マウンテンとしての測量山 …………………… 82

（3）　地域活性化とランドマーク・マウンテン ……………………… 83

5.　まとめ …………………………………………………………………… 83

第4章　地理的特異点とランドマークの関係 …………………………… 87

1.　地理的特異点とランドマーク …………………………………………… 87

2.　地理的特異点とランドマークの成立 …………………………………… 88

（1）　自然的特異点とランドマーク …………………………………… 88

（2）　人文的特異点とランドマーク …………………………………… 97

（3）　自然的・人文的特異点とランドマーク ………………………… 102

3.　地理的特異点とランドマークの関係 …………………………………… 104

4.　まとめ …………………………………………………………………… 105

第5章　都市プランの成立とランドマークの機能 ……………………… 107

1.　都市プランの成立とランドマーク ……………………………………… 107

2.　都市プランと鉄道との関係 ……………………………………………… 108

（1）　近代以降の都市プラン …………………………………………… 108

（2）　ランドマークとしての鉄道駅 …………………………………… 109

3.　学園都市の成立とランドマークの機能 ………………………………… 110

（1）　国立市における都市開発の経緯 ………………………………… 110

（2）都市プランにおける景観形成 ……………………………………… 111

（3）ランドマークとしての駅舎 …………………………………………… 114

4. 田園都市の成立とランドマークの機能 ……………………………… 115

（1）田園調布における都市プラン形成の経緯 ………………………… 115

（2）街路計画の特徴 …………………………………………………………… 116

5. 複合的都市プランにおけるランドマークの機能 ………………… 119

（1）北見市における都市プラン形成の経緯 …………………………… 119

（2）市街地再開発と駅空間の整備 ………………………………………… 121

6. まとめ ………………………………………………………………………………… 122

第6章　都市景観形成のプロセスとランドマークの機能
　　　　　－東京・国立市を事例に－ ……………………………………… 125

1. 都市における景観形成 …………………………………………………………… 125

2. 国立市における景観形成の経緯 …………………………………………… 127

（1）都市プランの成立とランドマーク ………………………………… 127

（2）学園都市構想 ……………………………………………………………………… 129

（3）大学通りと景観形成の過程 ………………………………………………… 130

（4）文教地区指定運動の経緯 …………………………………………………… 131

（5）ランドマークとしての鉄道駅 ……………………………………… 132

（6）国立市における景観論争 …………………………………………………… 134

3. 都市景観形成条例とその効果 …………………………………………… 135

（1）国立市都市景観形成基本計画 ………………………………………… 135

（2）国立駅周辺まちづくり基本計画 ……………………………………… 137

4. まとめ ………………………………………………………………………………… 137

第7章　ランドサインとランドマークの関係 ……………………… 141

1. ランドサインとは何か ………………………………………………………… 141

2. ランドサインの事例 ……………………………………………………………… 142

（1）諸外国の事例 ……………………………………………………………………… 142

目　次　ix

(2) 日本の事例 ……………………………………………………… 144

3．ランドサイン成立の経緯 ……………………………………… 148

(1) 神戸市におけるランドサイン ……………………………… 148

(2) 兵庫県新温泉町におけるランドサイン …………………… 153

(3) ランドサインの成立過程 …………………………………… 156

4．まとめ …………………………………………………………… 157

第8章　ランドマークとパースペクティブ効果 ………………… 159

1．パースペクティブ効果とランドマーク ……………………… 159

2．景観形成と視点 ………………………………………………… 160

(1) ビスタ・アイストップ型の景観 …………………………… 160

(2) 一点透視的な構図とその類型 ……………………………… 162

3．ビスタ・アイストップ型ランドマークの事例 ……………… 162

(1) 水平視線型 …………………………………………………… 162

(2) 水平－上方視線型 …………………………………………… 166

(3) 下方視線型 …………………………………………………… 170

(4) 複合－双方向視線型 ………………………………………… 171

4．ビスタ・アイストップ型ランドマークのミーニング ……… 174

5．まとめ …………………………………………………………… 176

第9章　ランドマークの継続性とその要件 ……………………… 179

1．ランドマークの継続性とその要件 …………………………… 179

2．継続的ランドマークの形成 …………………………………… 180

(1) 城郭の継続性 ………………………………………………… 180

(2) 塔（タワー）の継続性 ……………………………………… 182

(3) 鉄道駅の継続性 ……………………………………………… 187

(4) 歴史的建築物の継続性 ……………………………………… 190

3．ランドマークの継続性とその要件 …………………………… 192

4．まとめ …………………………………………………………… 193

x

終　章 ··· 195

あとがき ··· 201

事項・人名索引 ··· 204

地名索引 ··· 211

序　章

1. ランドマークとは何か

　ランドマークの定義は，狭義には陸地の目印，陸標，目印や象徴となる建物ということになる。古代ローマにおいて「すべての道はローマに通ず」の言葉どおり，ローマ帝国は軍道を各地に向けて整備した。その際，1 ローママイルごとに距離標識を設置した。これが「マイルストーン（里程標）」の由来である。この目印こそ旅人のよりどころとなった。日本においても江戸時代の五街道整備に際し，1 里（約 4km）ごとに一里塚が設けられた。一里塚には木が植えられ，木陰での休憩可能な目印となったのである。マイルストーンや一里塚にランドマークの本質を見出すことができる。しかし，ランドマークは広義にとらえると地理的空間における景観要素の一つであり，人間の行動を支え，地域のシンボルになるなど多岐に及ぶ特性を持っている。

　また，ランドマークは地理的空間における可視的要素の一つであり，空間・景観・場所・風景の構成要素である。そして，象徴性，記号性，場所性，視認性・認知性などの諸特性を有し，人間の空間行動を支え，空間イメージや原風景を形成する景観の一要素として位置づけることができる。それは，自然的要素や人文的要素からなる地域の諸レベルや，個人から社会に至るまで幅広く認識でき，地域や都市のイメージを喚起し，シンボルやアメニティを高める働きを持ち，地域アイデンティティを醸成・表象する存在となる。そして，ランドマークは単なる視覚要素にとどまらず，多様なミーニング meaning（意味）を有している。

2. ランドマーク研究の展開

(1) 都市のイメージとリンチ (Lynch, K.)

　ランドマーク (Landmark) を研究対象として取り込み, 体系づけた最初の研究はリンチ (Lynch, K.) のものであろう。リンチは都市環境のレジビリティ Legibility (わかりやすさ) を前提に, 都市環境のイメージを3つの成分 (identity, structure, meaning) に分け, そのうちのアイデンティティ (そのものであること) とストラクチャー (構造) を用いて, アメリカ合衆国の3都市の都心地区で, 住民のパブリックイメージ (ある都市の住民の大多数が共通に抱いている心像) を調査し, イメージを構成する5つのエレメント (paths, edges, district, nodes, landmarks) を抽出した。ここで説明されるランドマークは, 点, いろいろな大きさの単純な物理的要素, 特異性などの諸特性を保有するものであり,

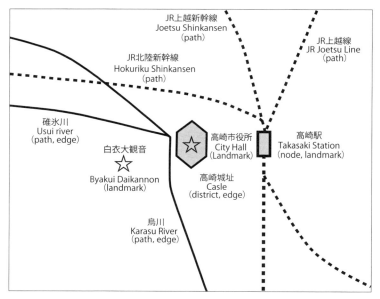

図序-1　高崎市中心部の景観イメージ (津川原図)
　　　　道路：パス (path) を省略.

序　章　3

写真序-1　高崎市役所から烏川・碓氷川（エッジ）を望む

写真序-2　高崎城址の堀（エッジ）

写真序-3　高崎市役所から旧城郭内を望む（ディストリクト）

写真序 -4　高崎駅東口（ノード，ランドマーク）

写真序 -5　高崎市役所（ランドマーク）

3 都市においてランドマークの果たす役割が詳述されている。リンチの分析は，建築家・都市計画者の視点により，都市地域を視覚的要素からとらえ，イメージを育む物理的要素の抽出とそれらの関係を明確化することに焦点が当てられた。

イメージを構成する 5 つの要素は，以下のとおりである。

・パス（paths）…各種の道筋
・エッジ（edges）…各種の線状の要素
・ディストリクト（district）…都市の部分
・ノード（nodes）…都市内部の主要な集合点
・ランドマーク（landmarks）…外部から認識できる特徴的・点的な要素

群馬県の高崎市中心部において，それぞれを確認すると（図序 -1），パス（paths）は道路や鉄道がその例となり，河川（碓氷川，烏川）も曲線状に認識

写真序 -6　白衣大観音像（ランドマーク）

できる。パスにより地域全体の骨格やネットワーク構造が明確化される（写真序 -1）。エッジ（edges）は異なる土地利用が接触することにより，線状の縁（辺）が生まれる場であり境界となる。たとえば，高崎は城下町起源の都市であり，高崎城址は堀により城郭と中心市街地が隔てられている（写真序 -2）。両者の地域特性の違いはエッジの存在により強く印象づけられる。そして，現在では高崎市役所や中央図書館，音楽センターといった公共施設が大半を占める城郭部分がディストリクト（district）に相当する（写真序 -3）。地区やエリアとしてのまとまりを認識可能な場所であり，公園や広場，学校などもこれに該当する。ノード（nodes）は人々が集合離散する地点が相当し，高崎駅がその代表例となる（写真序 -4）。多くの人々に強く印象づけられる地点であり，集合場所などにふさわしい場となる。ランドマーク（landmarks）は地域において目立ち，意味ある建物や建築物が多く，高崎では観音山に造られた白衣大観音像や 21 階建ての高崎市役所も特徴的な形状によりその例となる（写真序 -5，写真序 -6）。

　もちろん，それぞれの要素は単独でとらえられることが多いが，高崎駅や高崎市役所などはノードとランドマークの要素が複合すると見なすことも可能である。

　リンチの研究は極めて抽象的な都市のイメージを，客観的に分析する方法を

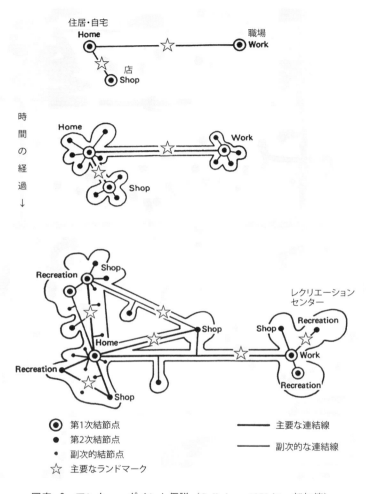

図序-2 アンカー・ポイント仮説（Golledge, 1978に一部加筆）

明らかにし，その後の空間論・行動論・都市デザイン論の基礎を築き，景観計画や都市空間の整備など，都市工学分野への貢献も大きかった。そして，ランドマークが都市のイメージを構成する要素であることを明確化し，人々の行動に欠かすことのできない認知対象であることを位置づけた点に，ランドマーク

研究の端緒を見出すことができる。

（2）空間認知とランドマーク（Golledge, R. G.）

　アメリカ合衆国の地理学者ゴレ（リ）ッジ（Golledge, R. G.）は，行動地理学の先駆者であり人間の空間認識の学習過程を3段階に分け，認知地図の形成過程（アンカー・ポイント仮説）を明らかにした。

- ・第1段階…住居・自宅（ノード）を起点に職場（ノード），店舗（ノード）とのリンク（パス）が成立する。
- ・第2段階…第1段階に加え，経路（パス）沿いの様々なリンクが増加する。
- ・第3段階…第1・2段階に加え，レクリエーションセンター（ノード）などの活動拠点が加わり，経路も複雑化する。

この説明における各ノードの大半はランドマークになり，リンク間に存在する各種のランドマークも空間認識を高める働きをする。船が航海する際，アンカー（錨）を下ろし停泊する地点としての港がアンカー・ポイントになるが，人々の空間認識の拡大も同様に，身近な生活空間から外界に向かって視野を広げる際に，ノードやパスの増加が面的な認知空間の拡大に結びつくのである。ゴレッジはノードをアンカー・ポイントと同義と見なし，認知空間の拡大を説明した。そして，空間認知をより強固にする存在としてランドマークを位置づけた（図序-2）。

3. ランドマークの成立と要件

（1）ランドマークの基本要件

　ランドマークは自然景観に見出せるものを除くと，人間が社会生活を営むなかで築き上げてきた政治・経済・文化活動の所産である。そして，それは政治（軍事）システムを支える施設・構築物や，社会資本に代表されるような国や地域の経済発展の基盤となる公共の施設・構築物，産業発展に伴う生産・流通システムを支える施設・構築物，文化（教育・福祉を含む）・余暇（娯楽・スポー

ツ活動）など，人間の精神・肉体を高揚・昂進させる施設・構築物などに代表される。すなわち，人間社会が展開する地表空間において，人間の諸活動が生み出した施設・構築物そのものにランドマークの基本要素となる形や色が伴っており，それらすべてにランドマークとなる要件が備わっているものと言えよう。

　また，ミクロからマクロなレベルに至る地点・場所・地区・地域をシンボリックに示す目印であり，象徴性・記号性を表現する要素ともなる。場合によっては特異なものとして人々に認知・記憶されることもあろう。言い換えれば，ランドマークの象徴性とは symbol として特別な意味が付加された対象と説明されるし，ランドマークの記号性とは，英語の sign に相当するもので，交通標識や看板など相対的に空間認知を物理的に促進するものと捉えることができる。この種のランドマークをランドサインと置き換えることも可能であろう。ランドマークの多くは両者の機能を兼ね備えているものが多い。そこで，ランドマークの要件をまとめてみると，以下の諸点に整理できる。

a. 形態

　ランドマークの構造は単体から複合体，点・面・立体，そして色彩・色調（濃度・明度など）で認識される。規模や形態はミクロからマクロに対応し，それぞれ大・小，高・低，広・狭，長・短といった特徴の中に位置づけられる。もちろん色彩や明暗も人間の視覚を刺激する重要な要素で，相対的にランドマークとして認識されるものは個性的かつ美的な対象となるものが多く含まれている。とはいえ，ランドマークは地理的空間における独立性・孤立性を前提とした特徴的な認知・記憶対象であることが求められる。また，ランドマークの象徴性は希少価値の大きさに比例することが多いが，記号性は適切・適度に分布・配置されることが空間認識を促進する上で欠かせない。そして，ランドマークは物理的側面からだけではなく，過去から現在に至るまで，人間社会が形成されてきた地表空間における村落や都市といった構造の中で実体として展開してきたのである。

b. 認識主体と認識レベル

　ランドマークの存在価値は，そのランドマークを認識する主体やランドマークのスケールやレベルによっても大きな違いとなって現れる。ランドマークは人間による認識・認知対象であるため，個人的・社会的レベルの相違が生じる。たとえば，リンチ（Lynch, K.）は都市のイメージが個人的イメージとその重合の結果生み出される公共的（パブリック）イメージからなると説明する。この視点からみれば，ランドマークは様々な個人レベルでの認識・認知を基本に，個人レベルの認識主体が時間的・空間的に変化を遂げつつ，その重合結果としての社会的イメージを定着化させるのである。しかし，個人レベルのイメージ形成は年齢や性の違いから出身地（故郷），日常生活の場といった地域差に至るまで多種多様であり，ランドマークとして認識・認知されるか否かも個人で異なる。また，ランドマークの認識には空間的スケールの違いも関係する。たとえば，個人的な生活空間と地域・地方・国家といった段階的・階層的なレベルで認識されるものなどの相違が認められる。国民の大多数によって認識されているランドマークもあれば，極少数ないしは個人レベルでしか認識されていないものまで存在する。

(2)「図 (figure)」と「地 (background)」の関係

　景観を捉える際，他とは異なって見えるものを「図」，「図」を浮き上がらせる効果を果たす背景を「地」と捉えることが一般的である。ランドマークは空間における特異点であり，明瞭な形態をもち，背景とのコントラストが重要であり，「地」に対する「図」的存在がその要件となる。

a. 富嶽三十六景

　富嶽三十六景は江戸時代の版画家葛飾北斎によって作製された。作品のモチーフは富士山であり，大小様々な富士山「図」を中心に，多様な方向・角度，季節の違いによる「地」を用い，図と地のコントラストによりイメージが創り出された。いずれも構図の中心となる富士山がランドマークとして位置づけられる（図序 -3）。

図序 -3　凱風快晴（ウィキペディア「富嶽三十六景」より）

b．夜景

　世界では以前から夜景の美しい都市として，ホンコン（中国）（写真序 -7），ナポリ（イタリア），日本の函館や長崎が知られている。なぜこのような夜景が人目を引くのかについては，諸理由が考えられるが，一つには夜という暗闇の「地」に，建物などが光り輝き，瞬き点在する「図」の構図が成立するからである。人々の視線・視野は両者のコントラストを認識し，闇に浮かび上がる光と闇を美的にとらえることができる。

　北海道の函館は，陸繋島となる函館山から伸びる陸繋砂州の上に市街地が広がり，東西方向は海となる地形である。そのため，夜間に市街地が点在する光の輝くエリア「図」になり，光の届かない海が黒い「地」になり，砂州の形が光の帯のように認識できるのである。

c．ライトアップ（ライティング）

　近年，夜間にライトアップ（ライティング）が施される建物が増加してきた。とくに，各地のタワーがその例となる。日本においては，東京タワーは先駆的で夜の闇が「地」，タワーが「図」になり浮かび上がる。そして，人々にとってのアイストップ，ランドマークとして認識される。

　このように，昼夜を問わず人々は「図」と「地」のコントラストを認識・認知している。すなわち，ランドマークは景観構図の中において圧倒的に「図」

写真序-7 ホンコンの夜景（ビクトリアピークより：岡島梓氏撮影）

になる存在なのである。

(3) アイストップとランドマークの関係

アイストップ（eye-stop）は，人々の視線を引きつけ集中を促す対象（物）である。これにより，人々は空間を認識し構造化することができる。言い換えると空間認知のエレメント（要素）として位置づけられる。空間デザインや都市デザインを行う際，空間軸，都市軸を設定し，焦点にアイストップとなる特徴的なランドマークを配置することにより，調和のとれた景観を生み出すことも多い。

アスパムは青森県の観光物産館であり，青森のアルファベットの頭文字「A」をイメージして建てられている（写真序-8）。象徴的ランドマークであるのと同時に，記号性も発揮している。

(4) 景観の構図とランドマークの関係

人間の視覚は両目により，対象物を立体視でき，奥行や遠近をとらえることができる。そして，近景・中景・遠景を景観の構図に取り込みながら空間デザインを創出することも多い。とくに，遠近法を意識し，一点透視的なビスタ・アイストップ型の景観を生み出し，視線の先にランドマークを配することによ

写真序-8 青森港とアスパム（ASPM：青森市）

写真序-9 東京駅と行幸通り

り印象深い構図を創出する例も多々ある（写真序-9）。

(5) 地理的特異点とランドマークの関係

　地理的空間には，自然的，人文的もしくは両者が重合した地理的特異点が認められる。前者には，山頂や大陸や国，地域における最高峰，岬，河川の合流点や分岐点など他とは異なる地点が確認できる。後者は人間の諸活動により生み出された人為的境界や陸上の座標点に代表される。このような地点に各種の

写真序-10　(旧) グリニッジ天文台 (イギリス)

ランドマークが成立することが多い。イギリスの (旧) グリニッジ天文台は，世界の標準子午線通過の地になったことがアイデンティティを獲得し，意味ある場所として認知されることになった (写真序-10)。

4. ランドマーク研究の視点

ランドマークを説明する際，様々な特性を考えることができるが，とくに (1) 象徴性，(2) 記号性，(3) 場所性，(4) 視認性・認知性，が重要である。多くの場合，それぞれは個々に独立しているのではなく，強弱の相違や相互に複合・重合することもある。

(1) 象徴性

ランドマークの特性として最も把握し易いものが象徴性である。人々が集まり，接触し，交流する場にランドマークが成立し易く，地域のシンボルとなる例も多い。観光地，信仰の場や霊場・聖地，盛り場，駅，橋，庭園，公園などがその例となる。同様にモニュメント，像，灯台，タワー (塔) も地域アイデンティティを表象するランドマークである。

写真序-11　大阪駅と大屋根

写真序-12　大阪駅構内

a. 駅

　鉄道の駅および駅空間は認知度の高いノード，ランドマークとなる。明治以降，日本各地に敷設された鉄道は駅および駅空間を生み出した。それは日々利用者が集合離散を繰り返す交流空間となり，人々に強く印象づけられる場となったのである。また，特徴的，個性的な駅舎は地域や都市のイメージを創り上げる重要な要素となり，地域アイデンティティの創出に結びつく例も多い(写真序-11，写真序-12)。

写真序-13　ピサの斜塔（イタリア）

写真序-14　神戸ポートタワー

b. タワー（塔）

　高層建築物は視認性に優れ，展望台・展望室が設けられると俯瞰点になることも多いため，地域や都市を代表するランドマークになる例が多い。それは，各種の電波塔，高層ビル，シンボルなどに代表され，建設技術の発達・進歩に

伴い生み出されたものである。それぞれ意味（ミーニング）を有し，地域イメージの醸成に結びついている（写真序 -13，写真序 -14）。

c. 橋

　橋の歴史は古い。人々が河川，道路，鉄道を跨ぐ際に多種多様な橋（橋梁）が造られた。それは技術発達の歴史であり，アイデア，デザインの進化でもある。たとえば，世界初の鉄橋は 1779 年に，近代製鉄法を生み出したイギリスのダービー父子ゆかりの地に造られた（写真序 -15，写真序 -16，写真序 -17）。

　ランドマークとしての橋の特性は，空間構造上，河川，道路，鉄道など，パスの一部分に設けられ，人々の意識が集中する地点（場所）になる。そのため，メンタルマップを形作る際のアクセントになりやすく，特徴的なデザインや色彩が施された橋は象徴的なランドマークとして位置づけられる。日本では，レインボーブリッジ，瀬戸大橋，明石海峡大橋，東京の隅田川に架かる橋など地域のシンボルとして，象徴性を強く発揮するものとなる。

d. 灯台

　航路標識の一つである灯台は，船舶の航行に欠かすことのできないものである。とくに夜間，暗い中航行する船舶に対して灯光による位置確認の指示は，文字通り陸標としてのランドマークとなる。海に囲まれた日本では各地に灯台が設置され船舶の安全航行を支えるとともに，岬の先端などに位置する観光シンボルとしての役割も果たしている（写真序 -18）。近年，灯台のデザインに地域アイデンティティを加味したデザイン灯台を置く例も増えてきた（写真序 -19）。

e. モニュメント

　各種の塔や像・記念碑などのモニュメントが，象徴的ランドマークになることも多い。史実の正確性が希薄なものもあるが，東京渋谷の忠犬ハチ公やイギリス・スコットランドのエディンバラの忠犬ボビーなど，人々の心に深く刻まれた史実を想起させるものに代表される。とくに，ハチ公像は渋谷の待ち合わ

序　章　17

写真序 -15　建造された 1779 年を示す欄干

写真序 -16　世界遺産のプレート

写真序 -17　アイアンブリッジの全景

写真序 -18　チキュウ岬灯台（北海道・室蘭市）

写真序 -19　小田原港 2 号防波堤灯台（小田原ちょうちん灯台：神奈川県・小田原市）

せ場所としても知られ，象徴性とともに場所性を獲得したランドマークなのである（写真序 -20，写真序 -21）。

　ポルトガルのリスボンにある「発見のモニュメント」は，帆船および船首を模した記念碑で，テージョ川そして大西洋を望む方向に建てられている。モニュメントにはエンリケ航海王子を先頭にヴァスコ・ダ・ガマやマゼランなど，大航海時代を支えた人々の像が刻まれている（写真序 -22）。塔を取り囲む広場の石畳には，多くのポルトガル人航海者が辿った航路を示すモザイクの世界地

写真序-20 忠犬ハチ公（東京渋谷区）

写真序-21 忠犬ボビー（エディンバラ）

図が描かれ，大航海時代への感慨に浸ることのできる観光スポットとなっている。大航海時代の偉業が視覚化されたランドマークであり，ヴァスコ・ダ・ガマの眠るジェロニモス修道院，ヴァスコ・ダ・ガマの世界一周の偉業を讃える，テージョ川の船の出入りを監視するために建てられたベレンの塔とともに，ベレン地区の場所性が生み出されている。

写真序-22　発見のモニュメント（ポルトガル・リスボン）

写真序-23　カントリーサイン（北海道・紋別市）

(2) 記号性

　記号はサイン（sign）で言語・文字，ピクトグラム（絵文字），交通標識・信号など人間の知覚に働きかけ，空間認識，空間行動に欠かすことのできないものである。記号を認識することは，人々の相互理解が必要であるが，ピクト

グラムなどによりその壁を取り払うことも可能である。記号性をもつランドマークは，その背後に必然的に意味（ミーニング）を有することになる。

　北海道の市町村は，それぞれの地域アイデンティティを表象するカントリーサインを持っている。各市町村を通過する国道などの境界部分の出入り口に設置されている（写真序-23）

(3) 場所性

　ランドマークの存在が地域や都市のイメージと直結し，その場所に欠かすこ

写真序-24　浅草寺（東京都・台東区）

写真序-25　雷門と大提灯

とのできない対象に昇華する例がある。エッフェル塔－フランス－パリ，原爆ドーム－日本－広島，清水寺－日本－京都などである。ランドマークがその場所と直結する要素となり，ステレオタイプ的な連想が働き，ミーニング（意味）を含むことにより場所性を獲得する。

東京の浅草は江戸時代より盛り場，庶民の集う場として賑わってきた。その象徴が観音信仰で知られる浅草寺であり，仲見世に向かうゲートとしての役割を担う雷門である。雷門には大提灯が掲げられ人々のアイストップとなっている。このように，浅草寺，雷門，大提灯それぞれのランドマークが一体化することにより，浅草のイメージが創り出されている（写真序-24，写真序-25）。

(4) 視認性・認知性

視認性・認知性はすべてのランドマークに備わっており，他とは異なる形状・対象や，目立ち易さにより，人間の視覚に強く印象づけられる特性である。本来，視認性と認知性は意味が異なるが，大部分は相互に関連している。すなわち，ランドマークは景観要素としての視覚対象であり，人々に視認され認知されることが基本要件なのである（図序-4）。

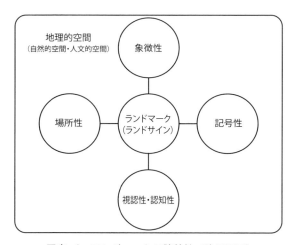

図序-4　ランドマークの諸特性（津川原図）

5. ランドマークの成立過程

　以上のように，ランドマークは単なる視覚要素にとどまらず，多様な意味（ミーニング meaning）やその成立過程と，その背景・要因を保持している。ランドマークは地域イメージや地域アイデンティティを確立する。ランドマークは景観との関係が強く，空間的特異点・アイストップとなる。風景を理解する際，点景としてのランドマークの存在は欠かせない。

　ランドマーク（サイン）は地理的空間と地理的諸要素の関係から，いくつかのプロセスを経て形成される。その過程は主として2つに大別される。第1は，地理的空間におけるシーズ seeds（種）が地域イメージや地域アイデンティティを確立し，そこにミーニングが創出・現出される。それは，サインやシンボルへと転化・変換され，目に見える形でランドマーク（サイン）化され，レジビリティやアメニティの対象として認識されるに至る。言い換えればランドマーク（サイン）の成立は，かなり意図的なものとして捉えることができる（図序-5）。

　第2は地理的空間において，当初ランドマークやサインとして意図的に構築・形成されたものであった対象が，明確なサインやシンボルとして認知・認識されるに至り，ひいては地域イメージや地域アイデンティティを創出・現出し，ミーニングを包含することにより，さらなるイメージの醸成が図られ，ランドマークやランドサインとしての意味が付加されるタイプである（図序-6）。

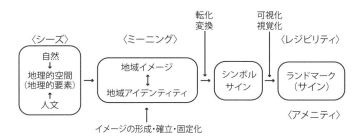

図序-5　ランドマークの成立過程①（津川原図）

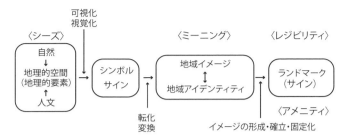

図序 –6　ランドマークの成立過程②（津川原図）

　このように，ランドマーク（サイン）の成立過程は，意図的に形成されるものと，結果としてランドマーク（サイン）化されるものとに大別される。ランドマーク（サイン）として認識されたものは，ミーニングに支えられ，レジビリティやアメニティを高める対象として位置づけられる。そして，歴史的慣性・地理的特性に育まれ，より強い地域イメージ，地域アイデンティティを内包するものへと転換されていく。

　景観にとってランドマークの果たす役割は大きい。それは単にレジビリティやアメニティを高めると同時に，ミーニング meaning（意味）を包含した存在であることに帰結する。言い換えれば，都市景観の醸成にランドマークが欠かすことのできない存在であり，象徴性，記号性，場所性，視認性・認知性などの諸特性を保有するランドマークを，人間の空間行動を視覚的・精神的に支え，人々の生活や感性を育む対象として認識する必要性があろう。

［参考文献］
・リンチ，丹下健三・富田玲子訳『都市のイメージ』岩波書店，1968，全 276 頁．
・Golledge, R. G. : "Learning about urban environments," in Carlstein, T. , Parkes, D. , and Thrift, N. eds. , Timing Space and Spacing Time, vol.1, Edward Arnold, 1978.
・日本建築学会編『建築・都市計画のための空間学事典』井上書院，1996，全 302 頁．
・篠原 修編・景観デザイン研究会著『景観用語事典』彰国社，1998，全 307 頁．
・津川康雄『地域とランドマーク』古今書院，2003，全 225 頁．
・津川康雄「都市景観におけるランドマーク」阿部和俊編『都市の景観地理 日本編 1』所収，古今書院，2007，全 101 頁．

第1章　アメニティとしてのランドマークとその伝播

1.　景観とアメニティ

(1)　景観とアメニティ

　アメニティとは一般に，住環境の快適性や居住性の良さを指すことが多い。都市においては，建物・土地に住環境として快適性を生み出す設備や施設，衛生的環境，住環境に価値を添える建物の様式・周囲の景観などとして捉えることができる。そのスケールも，都市的，社会的に広い概念であり，生活の質に関わる楽しみや，社会生活上の心地よさを与えるものも含まれる[1]。このように，アメニティはハードとソフトの両側面を有し，生活環境の形成に多大な影響を及ぼしている。

　都市の景観は各種の視覚要素から成り立ち，顕著なものは都市のシンボルとして位置づけられ，地域性を育む要素としても重要な役割を果たしている。それらの大半がランドマークとして認識され，アイストップとして認識レベルの違いはあるにせよ，人々の空間行動を支え，都市におけるアメニティの要素として捉えられることも多い。

　他方，地域のシンボルが人為的（意図）的に生み出される背景は，直接的動機や意図に基づくものや，間接的にその対象がシンボリックなものとして認識されるに至ったものなどが存在する。前者は各種のモニュメントや記念碑に代表され，人々の記憶に留めておきたい出来事・事業や人物などの顕彰を目的に生み出されるものが多い。後者は各種の産業遺跡やテクノランドマークなど，本来はその機能を果たすことが優先されたにもかかわらず，その後シンボリッ

クな対象として認知され，結果的にその時代を表象する地域のシンボルとして位置づけられるに至ったものなどに代表される。とはいえ，地域のシンボルは直接・間接を問わず，新たな色と形を創出することで当該地域の景観に新規の視覚要素を付加していく。それらの大半が我々の空間行動や活動を支え，位置関係を明確化可能な対象としてのランドマークになることが多々ある[2]。

　なお，ランドマークが成立する過程は意図的なものが多い。時間の経過とともに結果としてランドマーク化されるものもある。ランドマークの成立過程には，地域アイデンティティの形成・醸成とそれを支えた人々の知恵・発想・努力の存在が欠かせない。ランドマークは地域アイデンティティや地域イメージの確立なしに具現化されることはほとんどない。言い換えれば，地域アイデンティティの視覚化に伴って生み出されるランドマークは当該地域住民や多くの人々に共感を持って受け入れられ，人々に違和感なく受容される対象である。すなわち，地域におけるシンボルやランドマークは，人々の空間的認識軸・行動軸に定位される存在であり，それらは，地域や都市のアメニティを育む要素として認識されることも多い。また，良好なアメニティとして位置づけられるランドマークは多くの人々に受容され，様々な地域に伝播（diffusion）することが多い。本章で取り上げる‘花時計’はその代表例と言えよう。

(2) 花時計成立の経緯と伝播 (diffusion)

a. 花時計の定義と発達

　1903（明治36）年,世界で初めて花時計がイギリス・スコットランドのエディンバラ（エジンバラ）で誕生した。これは，絨緞花壇と機械式時計が組み合わされたものであり，エディンバラ市公園局長ジョン・マクハティーの発案と言われる[3]。花時計が生み出された背景には，花の開花時刻の違いに着目し数種類の花の組み合わせによる花時計が考案されていたことや，日時計花壇の発想があった。ガーデニングの文化を育んだイギリスによって庭園内に絨緞花壇がつくりだされ，後に日時計花壇が生み出され，それが機械式時計を利用した花時計の成立へと向かっていった。その後，エディンバラの花時計は文字盤の改

写真 1-1　エディンバラの花時計①

良や時針・分針の付け替え，動力装置の改良等が行われ現在に至っている。花時計の大きさは，文字盤の直径が3.5mであり，文字盤の周囲および針の上部を含めて植物が密植されている。そして，文字盤や針の上部を飾る植物が植え替えられる際には，エディンバラで開催されるイベントなどをテーマに植栽されるといった形式が用いられ，花時計のプロトタイプとして位置づけられる。2003年には花時計誕生100周年を迎えた。

　このように，エディンバラにおいて生み出された花時計は，都市や地域におけるアメニティを具現化する装置としてのミーニング（意味）が付与されたことに他ならない。それは単に時を知らせる装置としての意味を超え，花や植物の美や季節感を人々に享受させ，空間的特異点としての認識を明確化し，空間認知の役割を担うランドマーク（ランドサイン）として位置づけられる。また，地域イメージや地域アイデンティティを育み，観光対象としても重要な意味を持つことになった。そして，何よりも良好なイメージを保有するランドマーク（ランドサイン）としての花時計は世界各地に伝播（diffusion）することになった。もちろん，エディンバラの花時計に関わった人々や企業との結びつきにより，オーストラリア，ニュージーランド，インド，アフリカといったイギリスとの密接な関係を有する国や地域への直接的な伝播をはじめとして，花時計のイメージが間接的に伝播し，具現化した国や地域といった伝播の違いが存在す

写真 1-2　エディンバラの花時計②

る。しかし、花時計が都市や地域におけるシンボルとしてアメニティ効果を発揮し、ランドマーク（ランドサイン）として世界各地に伝播したことに変わりはない（写真 1-1，写真 1-2）。

b. エディンバラの都市景観と花時計

　エディンバラはスコットランド北東部のフォース湾に面し、人口約49.5万人（2011年）の都市である。旧市街と新市街の町並みは、ユネスコの世界遺産に登録されている。この街がスコットランドの首都となったのは1492年のことで、スコットランド議会も同じ年に設立された。1726年に街の名にちなんだグレートブリテン貴族の一つである、公爵位エディンバラ公が創設されたことでも知られている。

　エディンバラの中心地区は、エディンバラ城が位置する岩山から尾根を下るロイヤル・マイル一帯のオールド・タウン（旧市街）である。ロイヤル・マイルは、エディンバラ城から英国王室のスコットランドでの邸宅として使用されるホリールード宮殿に至る1マイル（約1.6km）の通りであり、オールド・タウンの骨格をなしている。18世紀の後半にオールド・タウンの人口増加を解消するために、プリンシィズ（プリンセス）・ストリート（PRINCES STREET）が設けられ、その北側一帯に長方形の整然とした区画が施されたニュー・タウ

第 1 章　アメニティとしてのランドマークとその伝番　29

写真 1-3　ロイヤル・マイル

写真 1-4　エディンバラの市街地（中央にスコットの記念塔）

ンが形成された（写真 1-3）。

　エディンバラ城とプリンシィズ・ストリートの間にはかつて濠があり，オールド・タウンの防備が目的だったが，1759 年にニュー・タウン建設のために排水された。その後，ニュー・タウン建設工事によって生じた土砂で埋め立てられ，私有の庭園，そして現在のプリンシィズ・ストリート・ガーデン（Princes Street Gardens）となり，市民・観光客の憩うオープンスペースとして利用されている[4]。プリンシィズ・ストリート・ガーデンには，スコットランドの愛国

写真1-5　西プリンシィズ・ストリート・ガーデン（右隅斜面に花時計が設置）

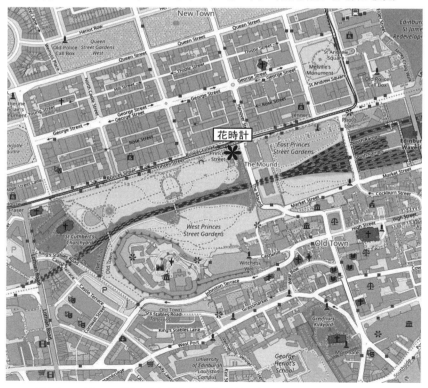

図1-1　エディンバラの中心部と花時計の位置（Open Street Mapに一部加筆）

心を高めた文豪スコットの記念塔が建てられた（写真 1-4）。

　プリンシィズ・ストリート・ガーデンはマウンド（The Mound）を挟んで東西に分かれており，西プリンシィズ・ストリート・ガーデンの一角の斜面に花時計が設けられている（写真 1-5，図 1-1）。

　ちなみにマウンドはニュー・タウンの基礎工事から出た土砂や瓦礫からなり，ロイヤル・マイルの尾根地帯とプリンシィズ・ストリートを結ぶために設けられた。マウンド一帯には，現在，王立スコットランド美術館やナショナルギャラリーが立地するなど，エディンバラにおける文化・芸術の拠点となっている。西プリンシィズ・ストリート・ガーデンに設置された花時計は人々の視線を集め，公園のアメニティとして重要なアクセントをもたらし，ランドマーク（ランドサイン）として時を刻んできた。規模こそ小さいが，その後世界各地に伝播・展開した機械式で植栽を伴う花時計のルーツであり，プロトタイプとしてその存在価値は高い。

2. ジュネーブの都市景観とランドマーク

(1) ジュネーブの概観

　スイスのジュネーブは同国の南西部に位置し，人口は約 19 万人（2011 年）でフランス国境近くに位置するためフランス語圏に属し，ジュネーブ州の州都となっている。第二次世界大戦前には国際連盟の本部が置かれ，現在でも，国際連合の諸機関等の国際機関が多くある国際都市として機能しており，条約の作成・制定や様々な国際会議が行われている。国際連合諸機関として，国際連合欧州本部が置かれ，国際連合貿易開発会議（UNCTAD），国際連合専門機関として国際労働機関（ILO），世界保健機関（WHO），国際電気通信連合（ITU），その他の国際機関として世界貿易機関（WTO），赤十字国際委員会（ICRC）などが活動の拠点としている。

　ジュネーブおよびその一帯は時計工業が発達している。スイスの時計工業の起源は，ジュネーブの金銀細工師の技術と宗教迫害によってフランスからジュネーブへ逃れてきた時計師の技術によりもたらされ，16 世紀後半に時計工業

の成立へと結びついたとされる。その後，スイスの時計工業は自動機の使用によって大量生産するアメリカ合衆国や日本との競争に晒されながらも，高級化やデザインへの特化などにより，現在もなお時計生産国としてその地位を保っている。

市街地はレマン湖の湖岸や湖脚一帯に展開し，周囲をサレーヴ山（Mont Salève），ジュラ山脈等の山地に囲まれ，市内をアルヴ川，ローヌ川が流れている。近世にはプロテスタントの一派である改革派の拠点となり，ジャン・カルヴァンらによって宗教改革の中心地となり，共和政治が行われた。また，ジャン＝ジャック・ルソーはこの街の出身として名高い。

（2）都市空間の形成とランドマーク

ジュネーブにおける市街地の形成とその構造は，大きくレマン湖およびローヌ川を挟んで北西部が新市街地で，南岸およびローヌ川の左岸一帯がオールド・タウンとなっている。ローヌ川北側にはコルナヴァン駅（Gare de Cornavin）があり，フランスのTGVが乗り入れるなど交通拠点となっている。国際連合欧州本部（Palais des Nations）など国際機関の大半もこの一帯に点在している。両市街地はモンブラン橋（Pont du Mont-Blanc）などの橋で結ばれ，ジャン＝ジャック・ルソーの銅像のあるルソー島も人工的に造られた。ルソー島にはベルグ橋（Pont des Bergues）から渡ることができる。旧市街地にはカルヴァンに

写真1-6　宗教改革記念碑

代表される宗教改革記念碑，ジュネーブ大学，赤十字協定や様々な国際協定締結の舞台となった市庁舎が点在し，ひときわ高くカルヴァンゆかりのサン・ピ

写真 1-7　モンブラン橋

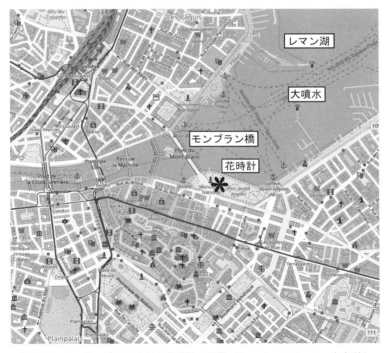

図 1-2　ジュネーブの中心部と花時計の位置（Open Street Map に一部加筆）

エール大聖堂がそびえ立っている。サン・ピエール大聖堂は 12 〜 13 世紀にかけて建築され、ロマネスク様式とゴシック様式が混在している。当初はカトリックの教会であったが、カルヴァンの影響によりプロテスタントの教会となった（写真 1-6、写真 1-7、図 1-2）。

　かつて湖岸には湖からの外敵の侵入を防ぎ、街を守るための要塞が設けられていた。後に要塞部分は取り壊され、1854 年にイギリス公園（Jardin Anglais）の一部が造られた。そして、1862 年からジュネーブのシンボルともなるモンブラン橋の建設が開始され、新市街地と旧要塞部分が結ばれるとともにイギリス公園も拡大された。また、レマン湖の南岸に湖岸に沿って遊歩道（Promenade du Lac）が設けられ、広大で快適な公園整備が進み、市民・観光客にとっての憩いの空間が成立した。現在、この一帯には 1862 年に作られた銅製の噴水、1814 年にジュネーブがスイス連邦に加わったことを記念して 1869 年に作られた立像（Monument National）、野外音楽堂、そして 1955 年に作られた花時計が点在している。レマン湖の湖岸には観光客や外交官・ビジネスマン向けのホテルが林立し、観光船の発着場やヨットやクルーザーの波止場が数多くあることからリゾート地の景観を呈している。

　なお、1886 年にジュネーブのシンボルでありランドマークとなる大噴水（Jet d'Eau）が造られた。当初は約 30m の高さまで水が噴き上げられる形式だった。1891 年にその価値が再認識され、約 90m の高さの噴水が現在の位置に造られ

写真 1-8　大噴水（jet d'Eau）

た。これほど大きな噴水によって大量の水を高く噴き上げるためには，高性能のポンプや発電機が必要であり，スイスおよびジュネーブの技術力の高さを象徴するものともなっている。現在の噴水は1994年に造られたもので高さ140mにまで水が噴き上げられ，市内各所からその姿を眺めることができる。噴水は夜間にライトアップされるなど，ジュネーブを象徴するランドマークとなっている（写真1-8）。

(3) 都市のアメニティと花時計

　ジュネーブの花時計（L'horloge-fleurie）は，1955年にイギリス公園の南西部分に据え付けられた。その理由の一つは，ジュネーブが世界的な時計生産を行っていることを人々の記憶にとどめてもらうためであり，公園内の花壇の配列にアクセントを設けるといった意図があった。時計の秒針は2.5mの長さで1秒間に27cm動き，円周は15.7mとなっている。花時計には植え替え時，多種の植物によって飾られる（写真1-9，写真1-10）。花時計の維持・管理はジュネーブ観光事務所（Geneve Tourist Office）が主導し，財政的にはジュネーブ州とヴォー州の時計業組合（Watchmakers Union）によって行われている。その位置は，モンブラン橋（Pont du Mont-Blanc）を通過する道路とギザン通り（Guisan）が屈曲する地点であった。しかし，1992年に観光客等が写真を撮る際の危険

写真 1-9　花時計①（2007年，津川清一氏撮影）

写真 1-10　花時計②（1986 年）

を回避するため，若干後ろへと位置が変更された。

　このように，ジュネーブの花時計はスイスやジュネーブの時計工業の技術力と都市のアメニティとしての花時計，そして何らかの要因となったであろうイギリス公園との関連といったことが成立の背景となっている。その結果，ジュネーブにおける花時計が都市のイメージやアイデンティティとアメニティなどを具現化し，ミーニングを有するものとして位置づけられた都市の代表例となったのである。その影響は種々の形となって現れ，世界各地へと伝播していった。それは，ジュネーブが国際都市として機能していることと無縁ではない。国際都市として多くの外交官や使節団が訪れるジュネーブは，他国の都市に多くの影響を及ぼした。その一つに大噴水を挙げることができる。都市のシンボルとして湖岸に広がる都市（大津市など）にその伝播例を見出すことができる。さらに，花時計もその例として位置づけることができる。とくに，日本への花時計伝播に直接的な影響を及ぼした。それは神戸市の元市長によるジュネーブ訪問時の体験・記憶によってもたらされたのである。ジュネーブを訪れる人々は，何らかの形でレマン湖，大噴水，花時計を記憶に留めていく。その記憶や情報が他の国や地域そして都市に伝わり，新たな形で開花する。その伝播（diffusion）こそがアメニティを伴うランドマークにとって重要な成立要件となる。

3. 花時計の伝播と都市景観

(1) 日本の花時計

　日本における花時計は 1957（昭和 32）年の神戸市において誕生した。その後，日本の都市や各地の施設等に多くの花時計がつくられた。その数は数百を数えることが調査によって明らかになっている（前掲注 3），矢木 2001）。それは，美観やアメニティを高め季節感を創出できる花壇としての役割と，時を知らせ，アイストップ，ランドマーク（ランドサイン）としての実用性を併せ持つ存在であることが背景となっている。

　花時計の設置場所は，公園，鉄道駅（駅前広場等），市民会館等，学校，遊園地，道路などとなっている。なかでも都市公園に設置される花時計が多い。また，花をテーマに各地に設けられたフラワーパークやフラワーセンターといった場所にシンボルとして設置されるものも多々認められ，ガーデニングとの関係も見出すことができる。憩いや癒しの場としての公園に花時計が設置されることは，花時計の持つアメニティ効果の高さを証明するものとも言えよう。県市庁等に花時計が設置されることも多い（写真 1-11）。

　地域や都市の行政中心として機能する県市庁舎は地域住民が集う場でもあ

写真 1-11　金沢市役所の花時計

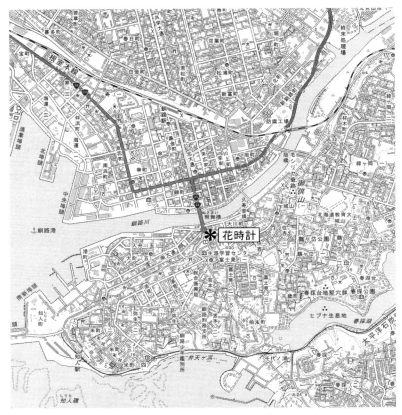

図1-3 釧路の中心部と花時計の位置 (2万5000分の1地形図「釧路」平成29年発行に一部加筆)

り，アイストップとしての花時計を設置することは，和みの効果をもたらしている。鉄道駅（駅前広場）に花時計が設置されることも多い。鉄道駅は人々の結節性・交流性が促される場であり，列車の発着時間の正確さが求められる場でもある。そこに設置される花時計はランドマークとして，あらゆる意味（meaning）が包含されたものと考えられる。すなわち，象徴性，記号性，場所性，視認性・認知性等を具現化する対象として，人々に受け入れられるものと考えられる。同様に，市民会館等や学校における花時計も対象者は限定されるものの，様々な効果を発揮し，地域住民や児童・生徒・学生にとってのアイデンティ

第1章 アメニティとしてのランドマークとその伝播　39

写真 1-12　釧路の花時計①（昼）

写真 1-13　釧路の花時計②（夜）

ティ醸成に役立つものと言えよう。遊園地に設置された花時計はアメニティの機能を中心に，ランドマークの特性が生かされたものが多い。それは，来園者にとって撮影ポイントであり，集合・待ち合わせといった機能を兼ね備えたものに他ならない。道路やその周辺に設置される花時計も多く確認できる。高速道路のサービスエリアや道の駅など，鉄道駅と同様の意味を見出すことができる。ちなみに，北海道釧路市の花時計(幣舞公園)は，1980(昭和55)年に「緑いっぱい市民運動」の10周年を記念し市民の寄付金をもとに設置されたもので，

幣舞橋方面からのアイストップの機能を果たしている（図 1-3，写真 1-12，写真 1-13）。

このように，日本で初めて神戸市に花時計が設置されてから約半世紀以上が経過し，日本各地にその姿を確認することができる。設置形態・主体や設置場所は異なるものの，人々に違和感なく受け入れられている。設置当初は針が折られたり，植栽が持ち去られるといったモラルを問う声も多かったことも事実である。また，花時計の設置後，様々な理由で取り外されるものもあったが，現在では地域や都市の景観要素やアメニティとして機能している。

(2) 神戸市と花時計

先にも述べたように，日本の花時計第 1 号は 1957（昭和 32）年に神戸市庁舎北側広場に設置されたもので，市庁舎落成記念式典に合わせてつくられた。その後 1976（昭和 51）年に改装され，文字盤の大きさは 6m，高さ 2.25m で地下に機械室があり，盛土の上に設置されている。花時計の盤面およびその周りには，季節の草花が植栽されている（写真 1-14）。

神戸市の花時計設置の構想は，神戸市の助役であった宮崎辰雄（その後市長）がスイスのジュネーブを視察した際に，イギリス公園の花時計を見学したことがきっかけとなった。花時計の製作にあたっては，ジュネーブの花時計の設計

写真 1-14　神戸の花時計（2010 年）

第 1 章　アメニティとしてのランドマークとその伝播　41

写真 1-15　花時計の図案（2010 年）

写真 1-16　フラワーロードの標識と花時計公園

図を取り寄せ，時計メーカーや大学関係の協力を仰いだ。屋外に設置される花時計の設計には，防水・植栽など多くの技術的課題があった。また，イニシャルコストやランニングコストなど費用面での苦労もあり，高価な景観施設を公費により設置する是非も問われたと記録されている[5]。そこで，神戸市は広く市民の協力を仰ぐことが計画の実現に必要不可欠であるとの認識で各界への働きかけを行った結果，神戸フラワーソサエティが全面的に協力し，その他の機関や個人からも多くの資金が提供された。形としては，神戸フラワーソサエティ

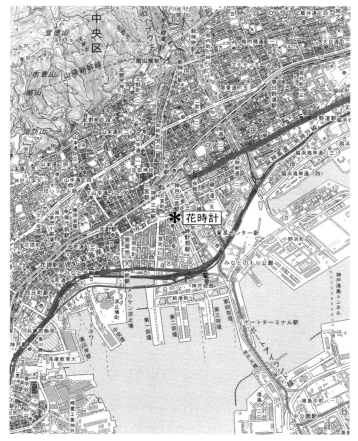

図 1-4　神戸の中心部と花時計の位置（2 万 5000 分の 1 地形図「神戸首部」平成 27 年発行に一部加筆）

をはじめとする市民有志から神戸市に寄贈される形がとられた。

　花時計のデザインは時代とともに変化し，テーマ性を表現するものやシンボルマーク，イベントや行事をテーマとしたものが多く選ばれている。具体的には，神戸・シアトル姉妹都市（1957 年），神戸市制 70 周年（1959 年），神戸開港百年祭り（1966 年）といった形で植栽され，イベントや行事の効果を高めている。花時計のデザインは公募によって決定されることもあり，多くの人々

を巻き込むことで花時計の認知度が高められている。現在では，インターネットのホームページ上で現在の植栽・時間などが公開されている（写真 1-15，写真 1-16）。

このように，神戸市に設置された花時計は日本における先駆的なものとして位置づけられ，日本各地に設置されていく花時計の先駆けとなった。そこには，ジュネーブの花時計の伝播が見出されること，多くのソフト・ハードの課題を克服する中で日本各地に設置されていく契機となったことなどその意義は大きい。現在，日本の花時計は各種事業のモニュメントとしてつくられる例が多く，駅前や公共施設，公園，遊園地など衆目を集めやすい場所に設置されている。

神戸市に設置された花時計はさらなる効果を発揮した。神戸市はアメリカ合衆国のシアトルと姉妹都市交流を行っている。シアトルから神戸市に対してこれまで，姉妹都市提携を記念して「トーテムポール」が，その他「友情の泉」と名付けられた水飲み場など，市民相互の友好を象徴する物が贈られている。その設置場所が花時計のある広場となっている。すなわち，花時計広場は多くのそして深いミーニングを保有し，国際交流をも確認できる「場」として認識されることになった。それは，2001（平成 13）年に開業した神戸地下鉄湾岸線（新長田〜三宮・花時計前）の駅として「三宮・花時計前」が設けられたことにも示されている（図 1-4）。

(3) 品川区とジュネーブの関係

ジュネーブの花時計との結びつきや伝播は，東京の品川区においても確認できる。品川区は 1991（平成 3）年に，ジュネーブ市と「友好憲章」に調印し，友好都市提携を結んだ。その経緯は，パリ万国博覧会（1867 年）とウィーン万国博覧会（1871 年）に南品川の品川寺の梵鐘が出展されたが，その後，行方不明になったことに端を発する。その梵鐘は 1919 年にジュネーブ市のアリアナ美術館で発見され，1930 年にジュネーブ市の好意により品川寺に返還された。地元では「洋行帰りの鐘」として親しまれている[6]（写真 1-17，写真 1-18）。

1990（平成 2）年に品川寺は梵鐘の返還 60 周年を祝い，ジュネーブ市への

写真 1-17　品川寺の門

写真 1-18　品川寺の梵鐘

御礼として実物大の梵鐘の複製を造り，併せて品川区とジュネーブ市の交流を促したのである。1991（平成 3）年 9 月に，アリアナ美術館での新梵鐘落成式への出席と友好都市提携のため，品川区公式代表団がジュネーブ市を訪問し「友好憲章」調印の運びとなった[7]。ちなみに，アリアナ美術館は世界中の陶磁器やガラス工芸品の展示で知られている。その後，友好都市提携を通じて市民レベルの交流,ホームステイの受け入れ，ジュネーブ市から「Avenue de la Paix（平和通り）」の標識が贈られ，品川区もジュネーブ平和通りの標識を併せて表示

写真 1-19　ジュネーブ（ヴ）平和通りの標識（Avenue de la Paix）

写真 1-20　花時計（品川シーサイドフォレスト）

するなど相互の交流が図られている（写真 1-19）。友好都市締結時，品川区はアメリカ合衆国のポートランド，中国のハルビン，ニュージーランドのオークランド市マウントロスキル区と姉妹都市提携を結んでいたが，ジュネーブ市が外国の都市と友好都市の調印をしたことはなく，品川区との提携が初めてだった。

　花時計の伝播は，2002（平成 14）年に JT（日本たばこ産業）の跡地が品川シーサイドフォレストとして整備され，りんかい線の開通とともに，品川シーサイ

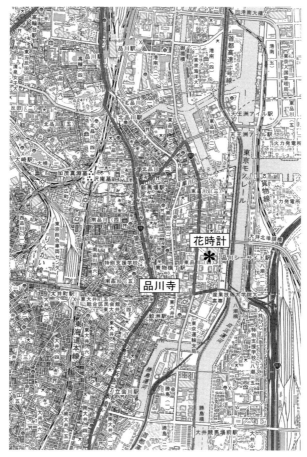

図1-5 品川（品川寺と花時計の位置）（2万5000分の1地形図「東京西南部」平成27年発行に一部加筆）

ド駅が設けられた際に確認できる。すなわち，駅前の広場（ジュネーブフォレスト）にジュネーブ市から寄贈された花時計（品川ジュネーブ友好の花時計）が設置されたのである（写真1-20，図1-5）。そこには，ジュネーブと品川との梵鐘が取り持った歴史的縁と結びつきが根底にあり，アメニティを促す花時計が両者の橋渡しとなった意味を見いだすことができる。

4. 都市景観のアメニティとランドマーク

　このように，都市景観におけるランドマークの機能は多岐にわたり，アイストップ，ビューポイント，空間的アクセントとして都市のイメージを醸成し，アメニティ効果を高めている。イギリス・スコットランドのエディンバラで誕生した花時計は，世界各地に伝播（diffusion）した。当初の絨緞花壇と機械式時計の組み合せといった発想が，やがて都市や地域に欠かすことのできないアメニティの装置として，確固たる地位を獲得し景観形成の役割を担っていった。ジュネーブの花時計は公園の装飾と時計工業のシンボル化・視覚化を前提に造られたが，ジュネーブのもつ都市のポテンシャルがツーリストや外交官・ビジネスマンを通じて発揮されたものとして位置づけることができる。すなわち，良好な景観要素は都市や地域のアメニティを高める効果があり，伝播力を内在しているものと言えよう。花時計はその例であり，明確なランドマーク（ランドサイン）へと昇華するものとして位置づけることができる。日本で最初に花時計が設置された神戸市においては，花時計のもつアメニティ効果に加え，人々の空間認知を支える場所性を獲得したのである（図1-6）。世界の地域や都市に造られた花時計それぞれに生み出された背景が異なり，明確なミーニング

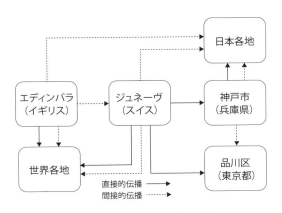

図1-6　花時計の伝播（津川原図）

meaning（意味）に支えられている。

　ランドマーク（サイン）として認識されたものは，ミーニングに支えられ，レジビリティやアメニティを高める対象として位置づけられる。そして，歴史的慣性・地理的特性に育まれ，より強い地域イメージ，地域アイデンティティを内包するものへと転換されていく。都市景観にとってランドマークの果たす役割は大きい。それは単にレジビリティやアメニティを高めると同時に，ミーニングを包含した存在であることに帰結する。言い換えれば，都市景観の醸成にランドマークが欠かすことのできない存在であり，象徴性，記号性，場所性，視認性・認知性などの諸特性を保有するランドマークを，人間の空間行動を視覚的・精神的に支え，人々の生活や感性を育む対象として認識する必要性があろう。

［注］
1）日本建築学会編『建築・都市計画のための空間学事典』井上書院，1996，全302頁.
2）津川康雄『地域とランドマーク』古今書院，2003，23 〜 52頁.
3）矢木 勉『日本の花時計』山と渓谷社，2001，全112頁.
4）PITKIN GUIDE2005，"Edinburgh"，Jarrold Publishing.
5）（財）神戸市公園緑化協会『花時計』神戸新聞出版センター，1985，全107頁.
6）品川区教育委員会『のびゆく品川』，2001.
7）品川区「しながわ1025号」，1991.

第2章　ランドマークとしてのタワーの役割

1.　都市のシンボル

　都市や地域のシンボルが人為的（意図）的に生み出される背景は，直接的動機や意図に基づくものや，間接的にその対象がシンボリックなものとして認識されるに至ったものなどが存在する。前者は各種のモニュメントや記念碑に代表され，人々の記憶に留めておきたい出来事・事業や人物などの顕彰を目的に生み出されるものが多い。後者は各種の産業遺跡やテクノランドマークなど，本来はその機能を果たすことが優先されたにもかかわらず，その後シンボリックな対象として認知され，結果的にその時代を表象する地域のシンボルとして位置づけられるに至ったものなどに代表される。とはいえ，地域のシンボルは直接・間接を問わず，新たな色と形を創出することで当該地域の景観に新たな視覚要素を付加していくことが多い。それらの大半が我々の空間行動や活動を支え，位置を明確化可能な対象としてのランドマークになることが多い[1)-9)]。すなわち，地域におけるシンボルやランドマークは，人々の空間的認識軸・行動軸に定位される存在なのである。それらは，地域や都市のアメニティを育む要素として認識されることも多い。

　ここでは，都市のシンボルとランドマークの関係を明らかにするために，とくに人間の視界や視野を支えるアイストップとビューポイントの成立要件を中心に論じた。前者のアイストップは，人々の視線を集中させ，焦点を形成し，空間を構造化し，場所化する作用を促すための空間認知のエレメントである。また，後者のビューポイントは都市や地域を俯瞰する地点として位置づけられ

る存在である。このような特性を有するランドマークが，都市の景観やアメニティを育む要素として欠かすことができない。人間にとって新たな視覚要素の獲得は，種々の心理的効果をもたらし，時空間の変化を象徴的に捉えることが可能な対象として位置づけることができる。具体的には，フランスのパリや日本の都市における大規模鉄塔の成立過程を中心に，テクノロジーの発展や都市構造との関連から，都市のシンボルとしてのランドマークの検討を試みた。

2. 都市空間の認知とランドマークの関係

(1) パリにおける都市軸の形成とアイストップの成立

　都市が計画的に建設されたり改造される際，街路形態に工夫を凝らし適切なランドマークを配して，人々の空間認識を補助する例も多々認められる。たとえば，都市とランドマークの関係が象徴的に示される例として，パリの都市軸形成があげられる。パリは中央集権的な王朝・国家の首都として発展してきたが，その基礎はセーヌ川の中州であるシテ島で，その後，囲郭都市として展開していった。現在ではシテ島に位置するノートルダム寺院は世界遺産にも登録され，パリのシンボルとなり，セーヌ川に架かる数多くの橋は，機能面のみならず景観要素としての役割を果たすランドマークとなっている。

　パリの都市構造の骨格が造り上げられたのは19世紀後半になってからである。ナポレオンⅢ世の下でセーヌ県の知事をしていたオスマン（Haussmann, G.）は，在任中にパリの大改造を行った[10]。都市改造に際して，景観保全が明確に意識され，ルーブル宮殿からコンコルド広場，シャンゼリゼ通りから凱旋門に至る空間が整備された。その延長線上に位置づけられるデファンス地区は，第二次世界大戦前から計画されており，デンマークの建築家オットー・スプレッケルセン（Spreckelsen, J. O.）によって設計された新凱旋門（グラン・アルシュ）によって特徴づけられる[11]。この直線的な空間が，パリの都市軸であり時間軸として位置づけられる。ここではランドマークという言葉は直接用いられないが，歴史的建造物やオブジェが空間的アクセントとなり，アイストップやビューポイントが成立し，象徴的な空間へと転化している。すなわち，放射状

街路が集まる地点（ノード）には広場やロータリーが設けられ，モニュメントや噴水などが配置された。シャルル・ド・ゴール（エトワール）広場にはナポレオンの凱旋門，そこからシャンゼリゼ通りを通過し，コンコルド広場に至るとエジプトから運ばれたオベリスクが置かれるなど，ともすれば方向感覚を喪失しやすい放射状街路に空間的なアクセントがつけられている。

　また，かつてパリ郊外に位置したモンマルトルの丘は，多くの画家や文人が集まることで発展し，丘上に建設されたサクレクール寺院は白亜の姿がパリ市民のアイストップとして，寺院や前面の階段からパリを俯瞰するビューポイントとして，市民や観光客に欠かすことのできない存在となっている。

　さらに，パリの都市構造に新たな象徴的空間が付加された。それは，万国博覧会開催の会場となったシャン・ド・マルスの一帯であり，当地区は 1867 年以降に開催されたパリ万博の主要会場となった。その一角に建設されたエッフェル塔は，その後のパリのシンボルとなった。エッフェル塔は 1889 年に建設された高さ 300m（建設当初）の大鉄塔であり，当時の最新技術を結集して建設された。建設の目的は万国博覧会のシンボル，モニュメントの創出であり，付随的に様々なテクノロジーの具現化が図られた。設計者のギュスターヴ・エッフェルは 1867 年のパリ万国博覧会から博覧会に関与し，1878 年には主会場の大玄関ホールやパリ市展示館などを担当していた [12]。こうして，エッフェル塔は万博のシンボルはもとより，パリを俯瞰する装置として機能することになった。しかし当初は，その後世界各地に必然的に建設されていく電波塔としての機能を果たす意図はなかった。その意味ではラジオ・テレビ電波の送信施設としての先駆的テクノランドマークではないが，大規模鉄塔実現の可能性と建設技術および鉄塔形状の確立に果たした役割は極めて大きい。

　現在ではシャイヨ宮からセーヌ川を挟みエッフェル塔とシャン・ド・マルス公園への連続性は，万博開催後の新たな開放的な都市空間となり，エッフェル塔がアイストップとしてのランドマーク機能を見事に成立させており，パリのシンボルゾーンの一つとして位置づけることができる。また，エッフェル塔からのビューポイントの成立も重要な意味を持っている。展望台からのパノラマ的視界は，人々に新たな俯瞰による視覚・知覚要素をもたらした [13]。このように，

パリの景観は歴史的経緯の中で形成され，多くのアイストップとビューポイントが成立し，全体として都市のアメニティが育まれてきた。

（2）アイストップとビューポイントの成立

　都市の景観を捉える視点は様々であり，視点から対象までの距離や，見上げる視線としての仰瞰，見下ろす視線の俯瞰といった違いがある。また，風景論との関わりからランドマークを位置づけると，点景に該当するものが多く，風景のアクセント，アイストップの効果を見出すことができる。都市構造の認識における，アイストップやビューポイントの存在は，人々の空間認知を促す存在として欠かすことができない。

　たとえば，北海道の札幌市中心部においては，大通（公園）が都市構造上，空間的認識軸となっている（図2-1）。大通（公園）は開拓使設置に伴う街路・街区の設定に際し，幅58間（約105.4m）の広小路が設けられたことに始まる。北の官衙地区と南の商家地区との間に火防線としての目的をもったものとされている。明治44年に大通逍遙地として位置づけられるようになり，開拓記念碑，開拓長官黒田清隆像などが建立され，花壇・花園，遊歩道，運動場などが設けられた。かなりの面積と東西に帯状に展開する空間が都市構造上，ある種の空間軸・都市軸になったことは疑いない。その後，札幌市の管理下に入り，第二次世界大戦中は畑として利用されたり，戦後は進駐軍の野球場やテニスコートをはじめ，市民のスポーツ広場として利用された[14]。

　このような空間形成を経た大通（公園）の東端に建設されたのがテレビ塔であり，大通（公園）におけるアイストップとして，また，俯瞰するビューポイントとして景観認識に欠かすことができない存在となっている。大通（公園）とテレビ塔が景観の上で一体化し，相互の関係が造りあげられた。また，テレビ塔およびその周辺が保有する特性として，イベント等の開催の場としてふさわしい点を指摘することができる。すなわち，イベントの開催に当たっては，その内容はもちろん，会場の広さやアクセスの良さに加え，認知度の高い開催場所が求められる。それは，人々の待ち合わせの場が選択されることにも通じるが，場所（位置）の持つ認知度の高さがその背景にあることは言うまでもない。

第 2 章　ランドマークとしてのタワーの役割　53

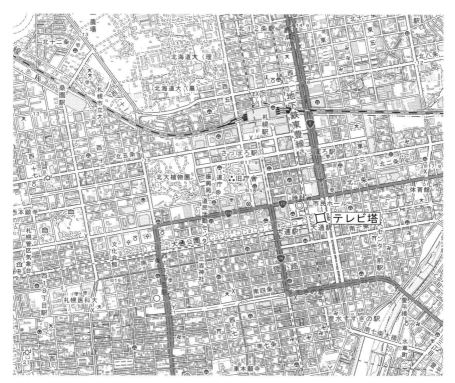

図 2-1　札幌の条丁目（座標）（2 万 5000 分の 1 地形図「札幌」平成 27 年発行に一部加筆）

54

すなわち，テレビ塔がアイストップ，ビューポイントとして大通（公園）の一角に成立したことにより，都市のシンボリックなアメニティ空間としての大通（公園）の機能がより一層高められたものと考えられる。

3. テクノランドマークの形成

(1) テクノスケープの形成

　テクノロジーの発達は複合的で，強く各方面への波及効果が促される。いったん社会に受け入れられ定着した技術は，様々な地域へ波及していくことが多い。それは，交通・通信のように鉄道やラジオ・テレビといった形で具現化され，受容者の生活に密着・定着化が図られていく。それらを支える様々な構造物がテクノスケープとして認識され，各種のテクノランドマークが生み出されてきた。特に，産業革命後の鉄道交通や自動車交通の発達は，近代における新技術や新たな素材の開発に支えられ，急速な進歩を遂げた[15]。また，製鉄技術や加工技術の発達は，構造物の建設に大きなインパクトをもたらし，鉄骨・鉄筋・コンクリートの製法の完成は大規模構造物の建設を可能にした。なかでも，鉄道や道路建設に欠かせない鉄橋は素材・組み立て技術の発達に支えられ，他の構造物建設にも応用されていった。衆目を集める地点に建設される鉄橋は，構造上の問題に加えデザインが重視されることも多く，各地にランドマークとしての機能を果たす例を見出すことができる。都市においては都市基盤の整備に多様なテクノロジーが取り込まれ，電気・ガス・上下水道・通信といったライフラインが構築され社会基盤として整備されていった。それらを構成する諸施設は，時代の変化や地域的差異はあるものの，都市景観の新たな要素となっていった。近代以降，都市景観が時代とともに変化していく過程は，テクノスケープの形成に左右されてきたと言っても過言ではない。

　その時代に生まれ，育まれた技術は，後世に多様な色と形で伝わることも多い。たとえば，日本の近代化が始まる明治時代は，諸外国からの技術を導入し咀嚼した結果，その技術が反映された建築・建造物が数多く造られ，近代化遺産として日本各地に展開している[16]。現在では近代化遺産は単に文化財とし

第 2 章　ランドマークとしてのタワーの役割　55

ての意味にとどまらず，地域景観やアメニティの要素として，また地域の活性
化資産として位置づけられ，まちづくりの資産としての重要性も増してきた。
それらは単独で成立することは少なく，時代背景とテクノロジーの進歩との相
互関係によって生み出され保存されてきた。このように，新たなテクノスケー
プの形成は，単に機能面のみならず，新たな時代を象徴する景観となるなど，
都市のアメニティを支える要素としてとらえることも可能である。

(2) テレビ塔建設の歴史

　テクノランドマークを代表するものとして，大規模テレビ塔を例に，それが
都市の空間構造の骨格として位置づけられたり，都市のアメニティを育む要素
になっていった過程を分析してみたい。

　日本のテレビ放送は 1953（昭和 28）年に開始され，日本初の商業用テレビ
放送のための電波塔が，日本テレビ放送網株式会社によって建設された[17]。
同社の創業者正力松太郎は，1952（昭和 27）年 7 月 31 日にテレビ放送の第一
号免許を取得し，総高 154m（高さ 132m，22m のアンテナが取り付けられた）
の日本テレビ塔を東京都千代田区二番町に建設し，同 53 年 8 月 28 日に放送
を開始した。テレビ塔には展望台が設けられ，エレベータにより第一展望台
（55m），第二展望台（74m）へ上がることができた。テレビ局見学と一体化し
たテレビ塔からの展望は多くの人々の見学コースとなった。

　テレビ塔に展望台が設置される形態は，テレビ塔が単に電波送信の施設にと
どまらず，人々に高所からの展望を提供することを可能にしたのであり，その
後のテレビ塔建設のモデルになったものと考えられる。しかし，同テレビ塔は，
技術発達と社会状況の変化により，1980（昭和 55）年に解体され，その使命
を終えた。一民間放送局によって建設されたこの鉄塔は展望台も簡素なもので，
見学も無料であり観光目的で建設されたものとは言えないが，日本におけるテ
レビ塔のプロトタイプとして，またテクノランドマークの代表例として位置づ
けることができる。

　その後，1953（昭和 28）年には名古屋テレビ塔株式会社が設立され，翌 54
年 6 月 20 日に地上 180m，展望台 90m の鉄塔が完成し，名古屋テレビ塔が営

業を開始した。本格的な展望台を備え，観光目的を前面に打ち出したテレビ塔としては現存する中で最も古い。平成元年には鉄塔のライトアップも始まり，周囲に高層建築物が増加し，かつてのアイストップとしてのランドマーク機能は薄れつつあるが，名古屋を代表するシンボル，ランドマークとして位置づけることができる。

　同形式のテレビ塔としては，北海道札幌のテレビ塔がある。同テレビ塔は1957（昭和32）年8月に完成した。同塔は先の名古屋テレビ塔の建設に触発され，電波塔としての機能はもとより，多目的利用が可能な施設として計画された。計画都市札幌の条丁目のほぼ原点に近い位置を占め，大通（公園）の一角をなすことから，札幌を代表するランドマークとして位置づけられる。

　東京では東京タワーが1958（昭和33）年に建設された。当時の郵政省は，都内に次々に建設されるテレビ塔の林立を避け，関東一円にテレビ電波を送信するための電波塔建設を計画した。第二次世界大戦後の復興の証として，人々に自信と希望を与えたいという意図もあったようである。1957（昭和32）年5月に日本電波塔株式会社が設立され，電波塔の建設が始まった。高さ333mの同塔は現在でも自立鉄塔としては世界有数の高さを誇り，東京のランドマークを代表する総合電波塔となっている。

4．シンボルゾーンの形成とテレビ塔

(1) 戦災復興と100m道路の造成

　都市のシンボルゾーンの形成とテクノランドマークが密接に関連した例を，愛知県の名古屋市に見出すことができる。都市の地域（内部）構造は時の流れとともに新陳代謝を繰り返し，新たな地区が形成されたり再開発されることによりその姿が変化していく。名古屋は徳川家康による築城後，城下町として発展を遂げ，城郭の南側に碁盤目状に道路を配し町並みを整備した。近世の城下町プランはその後の都市構造に大きな影響を及ぼした。

　しかし，第二次世界大戦により壊滅的被害を受けた名古屋は，戦災復興事業による徹底した土地区画整理を行い，城下町形成時の町並みを継承しつつ，

その後の都市構造を大きく変化させていった[18]。主要な復興計画としては，街路計画，公園緑地計画，その他に分類される。街路計画では，2本の幅員100m道路（久屋大通・若宮大通）を含む50m以上の道路が11本設けられた。その意図は，自動車交通への対応，防災，美観などがあげられる。都心部では，2本の100m道路を南北方向（久屋大通）と東西方向（若宮大通）に配置し，久屋大通にほぼ連続して南北方向に連なる新堀川を含めて都心部を4分割し，防災面を強化した。公園は大小様々に整備され，市内に分散していた墓地が1カ所に集められ，平和公園となったことも都市計画の上で特筆される。こうして，名古屋市街地の整備が進んでいった[19]。

　100m道路として整備された久屋大通は当初，防災的な空地帯がイメージされたが，1954（昭和29）年のテレビ塔建設に伴い，その大半が公園緑地化されていくことになった。ここに名古屋のシンボルゾーン形成の端緒を見出すことができる。すなわち，大通りの両側には幅21mの道路が設けられ，中央部には歩行者専用のグリーンベルトを配し，都市公園として整備された。そこには，友好都市から送られた記念物などを中心に国際親善広場が設けられるなど公的空間が整備・充実し，名古屋市のシンボルゾーンないしはシンボル軸の形成が図られた。また，久屋大通は単に公園緑地として整備されるだけではなく，地下部分を利用し，地下鉄，地下街，地下駐車場として複合的に利用されていった。その一角を占める栄は地下鉄東山線，名城線の交差点として，また，1978（昭和53）年に完成した地下街のセントラル・パーク建設に併せて名鉄栄町駅のターミナルが建設されるなど，中心商業地区の機能が強化されていった。同大通りが戦災復興事業により公的空間に変化し，権利関係の錯綜を回避できたこともその開発を促進したものと考えられる。1989（平成元）年にはテレビ塔のライトアップが始まり，夜間のシンボルとしての役割も果たすことになった。同年には，フランスのシャンゼリゼ通り（凱旋門〜コンコルド広場）と民間主導で友好提携を行っている。道路が都市のシンボルゾーンとして位置づけられる共通性を両者に見出すことができる。

　このように，久屋大通は名古屋市の戦災復興を象徴する道路として計画造成され，地下には各種都市機能を集積させ，地上は都市公園として位置づけられ

ることになった。そこでは当初からテレビ塔が名古屋のランドマークとして，またアイストップ，ビューポイントとして存在し続けてきた。名古屋は100m道路とテレビ塔を核とする久屋大通の都市公園化・地下街化により，都心部のシンボルゾーン化が図られた数少ない都市の例となった。1986（昭和61）年に建設省（現：国土交通省）が日本の道路100選を決定した際に久屋大通が選ばれた理由も，同大通が都市のシンボルロードとして評価されたことに他ならない。

（2）テレビ塔建設の過程とその意義

　テレビ塔の建設は，1953（昭和28）年に愛知県・名古屋市等の出資を仰ぎ，名古屋テレビ塔株式会社が設立され，日本放送協会（NHK）・中部日本放送（CBC）・名古屋財界が協調することにより始まった。総工費2億3千万円，使用鋼材約1000トンが費やされ，1954（昭和29）年6月19日に竣工・翌20日に開業した。建設に至る経緯は，1953（昭和28）年に開始されたテレビ放送を名古屋地区で行うための送信施設の建設が目的であり，NHK名古屋放送局と近接する久屋大通の一角が選ばれた。設計を担当した内藤多仲[20]は，パリのエッフェル塔をイメージしつつ，それまでのラジオ塔の設計経験から塔の高さを180mとし，付帯施設として展望台を設けることとした。鉄塔の形式は四角構桁式自立鉄塔であり，本格的な展望台の設置されたテレビ塔としては日本の先駆けとなった。同テレビ塔はアンテナの乱立を避ける意味から，NHKのみならず民間放送局との共用・集約鉄塔となり，本格的なテレビ放送時代到来のモデルケースとして位置づけることができる。その後，1968（昭和43）

写真2-1　名古屋テレビ塔

年に地上 100m に展望バルコンが完成した（写真 2-1）。

名古屋テレビ塔建設の成功は、日本各地に類似の鉄塔建設を促した。それは大きく 3 つに大別することができる。1 つは大規模鉄塔に展望台を設置し、主として観光目的に利用しようとする試みである。この例としては 1956（昭和 31）年に完成した大阪の通天閣（二代目）があげられる。1943（昭和 18）年に初代の通天閣が焼失して後、二代目通天閣の建設機運が盛り上がった。初代の通天閣の存在が、景観要素として人々の心象イメージに深く関わっていたことが、二代目通天閣の建設に結びついたものといえよう。

写真 2-2　通天閣（大阪市）

同塔は民間人の手により株式会社が設立され、株券を発行することで建設費を捻出するなど、他では見られない手法がとられた。設計者は内藤多仲であり、103m の鉄塔が初代の場所とは異なる現在の位置に建設された。展望台は 91m に設置され、名古屋テレビ塔のものより 1m 高い位置であったことから、当時は東洋一の展望台として宣伝された。現在でも大阪・新世界のシンボルとして欠かすことのできないランドマークとなっている。民間人の手による同塔は広告塔として大手製作所の名称がイルミネーションによって掲出され、大時計により時刻が表示され、塔頂部には円筒形 2 段表示で天気予報が示されるなど、他の鉄塔には見られない特徴を有している（写真 2-2）。

その他、横浜マリンタワー（106m, 1961 年）、神戸ポートタワー（108m, 1963 年）など、港湾に隣接する鉄骨・鉄パイプづくりの展望塔が建設された。ちなみに、横浜マリンタワーは正式な灯台の役割も担っていた。

2 つ目は同形式のテレビ塔建設と都市のシンボルゾーンにおけるアイストップ、ビューポイントの成立である。1957（昭和 32）年 8 月に完成したさっぽ

写真 2-3 さっぽろテレビ塔（札幌市）

ろテレビ塔は，内藤多仲の設計で名古屋テレビ塔と同様に官民一体となり建設され，テレビ放送のみならず教育・文化・科学・観光への利用といった複合的目的が謳われた。名古屋テレビ塔と同様に札幌のシンボルゾーンとして位置づけられる大通（公園）の一角に建設され，市民および観光客のアイストップ，ビューポイントとしてランドマーク化されている[21]。札幌市は計画都市として中心部は条丁目によって明確な街路区画が施されており，四分方位を容易に確認できる。その座標のほぼ原点に位置するのがテレビ塔であり，人々の空間認識を支えるランドマークとしての機能も果たしている（写真 2-3）。

　3つ目はテレビ塔の成功が，首都東京のテレビ塔建設を促進したことである。設計者である内藤多仲は，名古屋テレビ塔の成功に自信を深め，東京タワーの設計に携わった。塔の高さは関東エリア半径 100 km 圏を受信可能範囲とするために 333m と設定された。テレビ塔のモデルとして建設された名古屋テレビ塔はハード面にとどまらず，ソフト面においても大きな影響を及ぼした。それは，濃尾平野と関東平野といった広範囲に及ぶテレビ電波送信の必要性，放送局の増加に伴う集約鉄塔の必要性，大規模鉄塔に展望台を設置することによる観光への寄与といった類似性を見出すことができる。徐々に個別鉄塔が建設されつつあった東京に景観面からも集約鉄塔建設の必要性が高まり，首都東京の観光シンボルとしての可能性が潜在的に存在することを確信させるものであっ

た（写真 2-4）。

（3）テクノランドマークの時代性

　建設から半世紀以上が経過した日本各地のテレビ塔・鉄塔は，その多くが現在も各種電波の送信塔としての役割を果たしている。しかし，さっぽろテレビ塔のように，送信エリア拡大の必要性から，一部の放送局がテレビ塔からの送信を停止し，他の場所からの送信に移行した例も認められる。テレビ塔はテクノランドマークのもつ宿命として時代の変化に翻弄されつつある存在となっている。
　こうした中，東京および関東圏の地上

写真 2-4　東京タワー

デジタル放送に対応するため，東京スカイツリーが建設された。同塔は，デザインコンセプトとして「空に向かって伸びる大きな木をイメージしています。シルエットは，伝統的日本建築などにみられる「そり」や「むくり」を意識し，大きな木の下に，人々が集い，心を寄せ合う様子を表しています。」また，「東京スカイツリーの足元は，三角形でできています。「3」という数は，三脚のように最も少ない単位で安定が得られ，その合理的な形状により周辺の圧迫感や日影等の影響も考慮でき，さらに隅田川・荒川・交通の東西軸で囲まれたこの地域を象徴する形状でもあるからです。」との基本理念にも示されているように，これまでの内藤多仲のデザインから生まれた四脚の自立鉄塔といった共通イメージから，三脚（正三角形）そして上部で円形になる新たなコンセプトへと転換されるエポック・メイキングなランドマークである。その高さ 634m は，かつての武蔵の国を想起でき，地域イメージの醸成にも貢献するだろう。ちなみに，地上 350m と 450m に設置された展望台は，東京の新たなビューポイントになっている。季節やイベントに対応したライトアップは，夜間の象徴的なアイストップとしてその存在感を際立たせている。

①吾妻橋より望む

③スカイツリータウン

②アサヒビール本社より望む

④浅草寺境内より望む

写真 2-5　東京スカイツリー

　東京スカイツリーは，現在の技術の粋を集めたテクノランドマークである。産業革命後の技術発達に伴うランドマークを，テクノランドマークと位置づけた場合，エッフェル塔の建設以降，大規模鉄塔が世界各地でつくられた。そして，多くの大規模鉄塔に設置された展望台は，人々に新たな視野をもたらしたのである。
　これまで東京のシンボルとして大きな役割を担ってきた東京タワーがそうであったように，これから多くの人々が東京スカイツリーを訪れ，それぞれの感

性が刺激され，多くの物語が生み出される。そして，世界に向けて，東京のみならず，日本の新たなランドマークとして認知され，直接・間接的な経済効果や波及効果がもたらされるのである（写真 2-5 ①②③④）。

5. まとめ

技術発達に伴って成立するテクノランドマークは，その時代の政治・経済・文化等を背景に生み出されてきた。そこには必然と偶然とが折り重なり，種々の意思決定がタイミングよくなされ，新たな構造物が生み出されていった。本来は機能面が優先されることによって成立するテクノランドマークだが，景観要素として新たなランドマークへ結びついたものも多数存在する。また，個々のテクノロジーが相互に関連し，新たなテクノランドマーク創出に結びつく例も認められる。テクノランドマークは類似性を保持しつつ，他の地域へ伝播することも多かった。それらは生活に密着した実用性に基づくものであったり，地域のシンボルやアメニティを表象するランドマークとして位置づけられるものも多い。すなわち，テクノランドマークはその時代の景観形成に大きな役割を果たしている。それは単にテクノロジーの具現化のみならず，人々にランドマークとして認識され，多様な感性を呼び起こす存在にもなった。

テクノランドマークの中には，都市のシンボルとして位置づけられるものも存在し，シンボルゾーンの形成に寄与しているものも多々認められる。その代表例がテレビ塔であった。日本では，1953（昭和 28）年のテレビ放送の開始が大規模テレビ塔の建設を促していったが，単にテレビ電波の送信塔としての大規模鉄塔の建設に終始していれば，今日見られるようなシンボリックなランドマークにはならなかったのかもしれない。エッフェル塔建設に端を発する設計者の美的・造形センスと，展望台の設置およびテレビ塔設置位置の選択が大きな意味を持った。たとえば，名古屋市においては戦後復興計画における100m 道路の造成地にテレビ塔を建設したことが，その後のシンボルゾーン化への端緒になった。また，札幌市における大通（公園）のシンボルゾーン化に新たなアイストップ，ビューポイントとしての機能を付加し，ランドマークと

なったのがテレビ塔であった。東京芝公園の西端に建設された東京タワーは名古屋テレビ塔の成功を基に展望台を設けたことが，その後の東京観光の拠点となった。

　このように，本来のテレビ電波の送信施設としてのテクノランドマークの機能とは別に，パリのエッフェル塔建設以後，大規模鉄塔がもつ塔からの展望・眺望機能がさらなる魅力を付加した。ここに，都市のアメニティを構成する要素の一つとして，またビューポイントとしての機能が付け加わったのである。さらに，大規模鉄塔は昼夜を問わずアイストップとしての機能を果たす。とくに夜間の照明・ライトアップは人々の注意機能を引き寄せる効果がある。闇の中に浮かび上がるエッフェル塔や東京タワーは単なるランドマークとしてだけではなく，人々の感性に訴えかける存在として位置づけることができる。それは，ランドマークの持つシンボル性が発揮されることにも結びつく。すなわち，テレビ塔は見ることと見られることの両側面を有し，人々の仰瞰・俯瞰の視点をもたらすとともに意味ある存在として人々の視覚を刺激し，知覚作用を促すのである。

　一見，テクノランドマークとは無関係に思える，アメリカ合衆国ニューヨークのリバティ島に設けられた自由の女神像は，独立百周年を記念して1884年にフランスから贈られた鉄骨造りの銅製像である。制作者はフランスの彫刻家バルトルディだが，鉄骨の骨組みはエッフェル塔の技術が内包されている。しかし，鉄骨の組み立てを基に成形され，表面処理がなされ，女神像としての形が整えられることによって，単なるテクノランドマークとしての存在から象徴的な構造物へと変化する。ある種の芸術品に共通する特性を持つに至ったとも言えよう。言い換えれば，テクノランドマークは人間の知恵と努力に支えられ，テクノロジーの発達を超えた存在へと昇華することもある。

　テクノランドマークに限らず，形あるものは何らかの人為的操作が加わらなければ，いずれ変化し消滅する運命にある。時代に翻弄され易いテクノランドマークにその傾向が強いものと考えられる。しかし，近代化遺産のように単なる技術を具現化する構造物を超えた存在となり，人々から支持され高い評価を受ける存在であるならば，引き続き保存され再生（リニューアル）されること

も予想される。このように，テクノランドマークはテクノロジーの発達と軌を一にしながらも，人々の空間認識を支え地域における象徴的なランドマークになることも多い。したがって，テクノランドマークの意味と重要性を認識し景観形成に反映させることが，地域づくりにおいても必要になると思われる。

以上のように，都市のアメニティは，ソフト・ハードの両面から形成されるが，とくにランドマークの有する象徴性，記号性，場所性，視認性・認知性を背景としたアイストップ，ビューポイントとしての機能が重要なものとなろう。それは，人々にとって単なる視覚要素としてのみならず，歴史性を反映する対象であり，都市構造上の重要な要素として捉えられるからに他ならない。そこには，慰安や安らぎ，潤いといった感性を育むアメニティへと昇華する対象となることが求められる。

[注]
1) 津川康雄「地表空間におけるランドマークとその意義」立命館地理学 9，1997，17 〜 29 頁.
2) 津川康雄「空間的位置とランドマークの関係」地域政策研究 3-2，2000，21 〜 33 頁.
3) 津川康雄「位置決定に伴うランドマークの成立過程−日本標準子午線を例として−」地域政策研究 4-2，2001，1 〜 14 頁.
4) 津川康雄「自然的ランドマークとその要件」地域政策研究 2-1・2，1999，117 〜 131 頁.
5) 津川康雄「京都の観光要素」立命館地理学 5，1993，17 〜 29 頁.
6) 津川康雄「ランドマークの形成と地理的慣性−城郭を中心として−」高崎経済大学論集 39-3，1996，21 〜 42 頁.
7) 津川康雄「宗教的ランドマークとその要件−大観音像を例として−」立命館地理学 10，1998，49 〜 58 頁.
8) 津川康雄「宗教的ランドマークの成立過程−大観音像を例として−」地域政策研究 1-1，1998，87 〜 101 頁.
9) 津川康雄「テクノランドマークの成立過程−テレビ塔を中心に−」地域政策研究 5-1，2002，25 〜 40 頁.
10) 谷岡武雄『フランスの都市を歩く』大阪書籍，1983，201 〜 249 頁.
11) 建設省住宅局建築指導課・市街地建築課監修『建築・まちなみ景観の創造（隈研吾：都市デザインの世界的潮流）』技報堂出版，1994，32 〜 42 頁.
12) 吉見俊哉『博覧会の政治学 まなざしの近代』中公新書 1090，1992，66 〜 83 頁.

13) ロラン・バルト，宗 左近・諸田和治訳，伊藤俊治図版監修『エッフェル塔』ちくま学芸文庫，1997，24 〜 28 頁．

14) 朝倉 賢『札幌街並み今・昔』北海道新聞社編，2000，24 〜 31 頁．

15) 片木 篤『テクノスケープ－都市基盤の技術とデザイン－』鹿島出版会，1995，全 233 頁．

16) 伊東 孝『日本の近代化遺産－新しい文化財と地域の活性化－』岩波新書 695，2000，1 〜 38 頁．

17) 日本テレビ放送網株式会社総務局編『テレビ塔物語－創業の精神を，いま－』1984，全 267 頁．

18) 新修名古屋市史編集委員会『新修 名古屋市史 第 7 巻』名古屋市，1998，130 〜 150 頁．

19) 伊藤徳男『名古屋の街 戦災復興の記録』中日新聞本社開発局，1988，49 〜 222 頁．

20) ①『日本人名大事典 現代』平凡社，1979，541 頁．②『現代人物事典』朝日新聞社，1977，928 頁．

21) 北海道観光事業（株）編『札幌テレビ塔二十年史』1978，全 115 頁．

第3章　景観要素としてのランドマーク・マウンテン

1.　ランドマーク・マウンテンとは何か

　自然的ランドマークの代表例は"山"であろう。山は典型的な象形文字となるように，その姿・形がシンボリックな対象として認識され，人々の心に深く刻まれてきた。すなわち，山は色と形が明瞭に示されその位置も安定しており，山名に動植物，神仏や方位等を施すことにより認知度が高まり，霊験あらたかな存在として信仰の対象にも位置づけられることが多かった。また，江戸時代における街道の整備は数々の名所図会にも描かれているように，山が街道のランドマークとして重要であったことを示している。

　山は都市プランの決定や人々の生活文化の醸成にも深く関わっている。たとえば，京都は風水思想が具現化する中で条坊制による都市プランが施され，四神相応の配置と山が深く関わり，北に玄武（山）が位置することから陸上の基準点として船岡山が用いられている[1]。また，京都の自然や風土をあらわす言葉として頼山陽が用いた「山紫水明処」は京都のイメージを端的に表している[2]。三方を比叡山，東山三十六峰，愛宕山などで囲まれた京都盆地は四季の移ろいを明瞭にし，春夏秋冬，花鳥風月をめでる心を育み，京文化を創出していった。なかでも比叡山は寺院の庭園と一体化する借景として取り込まれることも多かった。また，比叡山は天台宗総本山の延暦寺を背景に，人々の余暇時間の増加やケーブルカー，ロープウェイ等の技術発達に支えられ，レジャースポットになった。高度経済成長期には比叡山ドライブウェイ 1958（昭和 33）年が開通し，観光や余暇を過ごす対象として比叡山がより身近な存在

になり，京都盆地および琵琶湖一帯を望む新たな視点・視野を拡大する俯瞰点・眺望点・展望点として位置づけられるようになった。また，毎年8月16日に行われる「五山送り火」では，東山如意ヶ嶽の「大文字」をはじめとして「左大文字（大北山）」「妙法（松ヶ崎西山・東山）」「船形（西賀茂船山）」「鳥居形（嵯峨鳥居本曼荼羅山）」など夏の風物詩として欠かすことができない[3]。

　このように山は景観要素として認識され，単なる自然要素のみならず，空間認識ポイントやビューポイント，アイストップおよび俯瞰地点としての機能も果たすことになった。本章においては，ランドマークとしての機能を強く有する山をランドマーク・マウンテンとして位置づけ，地理的空間におけるランドマークとしての特性や意味（meaning：ミーニング）を把握したものである。とくに，都市（市街地）に近接する山はランドマーク・マウンテンとして住民との関わりを強め生活空間と一体化するとともに，時代の変化に対応しつつ多様な役割を担ってきた。それは，地域アイデンティティを表象する存在にまで昇華したものと考えられる。なお，事例として取り上げた函館，室蘭は北海道のゲートウェイ都市として港湾を基盤に発展し，それぞれ函館山，測量山がランドマーク・マウンテンとして人々の空間認知を支えてきた。

2.　ランドマーク・マウンテン成立の経緯とその役割

（1）シンボルとしてのランドマーク・マウンテン

　ランドマークは象徴性，記号性，場所性，視認性・認知性等の基本特性を有している[4]。ランドマーク・マウンテンもそれらの特性を保持しているものが多い。たとえば，富士山は，日本のシンボルとして世界中にそのイメージが定着し，文化遺産としての世界遺産登録を契機にますます注目度が高まっている。日本各地にそびえる山に富士の名を冠することも多く，好イメージの伝播と見なすことができる。江戸時代では人々の間に富士信仰が高まることにより富士講が成立し，江戸市中に富士塚が設けられ信仰心が満たされた。富士山を望むことの可能な地点に富士見坂等の富士地名が散見されることなどにも景観要素としての意味を見いだすことができる。

第 3 章　景観要素としてのランドマーク・マウンテン　69

写真 3-1　ボタ山（福岡県飯塚市）

写真 3-2　モエレ山（北海道札幌市）

写真 3-3　モエレ山山頂の三角点

写真 3-4　ダイヤモンド・ヘッド①（ワイキキ・ビーチより遠望）

写真 3-5　ダイヤモンド・ヘッド②（山頂部より火口を望む）

　地域のシンボルとして場所性を示す山の一つに"ボタ山"をあげることができる。人工的な山であり，そのほとんどは消滅したものの，かつての産炭地域において数多く見られた景観要素であり，福岡県飯塚市においては地域の記憶遺産として位置づけることができる（写真 3-1）。

　北海道札幌市のモエレ山は，同市のグリーンベルト構想の一環としてモエレ沼一帯が公園整備された場所にある。公園は彫刻家・造園家で知られるイサム・ノグチにより設計された。同山はかつてゴミ捨て場であった関係で，不燃ゴミ

写真 3-6　象山の登山路

写真 3-7　象山より台北 101 を望む

と公共残土を積み上げて造成された人工の山となっている。山頂には三角点が置かれ，札幌市街地を俯瞰する場所，公園内のアイストップとして機能している（写真 3-2，写真 3-3）。

　アメリカ合州国ハワイ州・オアフ島に位置するダイアモンド・ヘッド（コオウラ火山）は，ワイキキ・ビーチから特徴的な姿を見せ，海・砂浜・連続するホテル群とともにハワイ観光の象徴となっている（写真 3-4）。ダイアモンド・ヘッドは火山活動によって噴出した砕屑物が火口部に堆積したもので，ワイキ

キ・ビーチから見えるのは，全体の一部にすぎない。しかし，稜線が傾斜し鋭角に海に向かって落ち込む形は典型的なアイストップとなっている。他方，ダイアモンド・ヘッドはオアフ島の防衛拠点ともなり軍事要塞化した時期もあった。現在では頂上まで登山道が延び，ワイキキ・ビーチを展望可能なビューポイントとなっている（写真 3-5）。

　台湾の台北市東南部に連なる山群は，四獣山（虎・豹・象・獅子）と呼ばれている。山が動物の形に見立てられ，認知度が高い場所となっている。その中で，象山は地下鉄の駅名にも用いられ，登山路も整備され，ハイキングコースとして認知されている（写真 3-6）。象山からは台北市街地や台北のランドマークとして知られる台北 101 を望むことができる（写真 3-7）。

（2）空間認識ポイントとしてのランドマーク・マウンテン[5]

　空間認識ポイントや山の位置が意味を持つランドマーク・マウンテンは，以下のように分類できる。

①都市プラン等における基準点

　藤原京造営に伴う大和三山や平安京造営に伴う陸上の基準点としての船岡山をはじめとして，国立市（東京都）における都市プランでは国立駅から延びる富士見通が富士山を見通すパス（Path）として位置づけられ，通りの延長上に富士山を望むことができる。

②位置を示す地点

　各地の三国山がその例であり，旧国の境界に位置するものが多い。ちなみに，栃木県の三本槍岳はかつての会津・那須・黒羽の 3 つの藩がそれぞれ境界に槍を立てたとされる。また，甲武信岳は甲斐・武蔵・信濃三国に跨がることに由来する。金沢（石川県）の卯辰山は金沢城から見て東（卯辰）の方向に位置することから名付けられたと言われている。

　ちなみに，山名に方位（東西南北）を用いてその位置を示すことや，前後左右を冠して相互の位置関係を明確化することも多い。これらは，山を地理的空間に配置し，認識してきた結果である。たとえば北アルプスの穂高連峰では，前穂高，奥穂高，北穂高，西穂高などと名付けられ，相互の位置関係が示され

ている。

③総称としてのまとまりや宗教対象

古来より人々は山に対し自然崇拝の対象とし畏怖畏敬の念を込めるなど，大和三山，出羽三山，上毛三山，北信五岳など特徴的な山を総体的に認識することも多い。

④山アテと日和山

船舶は陸上の山（アテ山）の見え方により自船の位置を把握し，漁場を確定することが多かった。とくに日和（ひより）山は，航海の安全や船舶の位置を把握するためや，日和（天気）を見るための山であり，酒田市（山形県），石巻市（宮城県），鳥羽市（三重県）など各地に認められる。

⑤アイストップとしての独立峰

富士山に代表され，主に独立峰として均整のとれた富士山の山体と類似した各地の山がその例となり，蝦夷富士（羊蹄山），津軽富士（岩木山），榛名富士（榛名山）等の山名がつけられている。鹿児島県の開聞岳（薩摩富士）は，地形図上において同心円状の等高線が特徴的であり，戦時中は様々な意味で目印とされた。

⑥三角測量における測量点

日本の主要な山には三角測量の基準点として，花崗岩製の四角い角柱が埋設されている。

このように，地域や都市におけるランドマーク・マウンテンは単なる景観対象としてのみならず，空間認識ポイントとして機能することが多い。

(3) 三角点とランドマーク・マウンテン

日本における近代技術の発達は，明治以降，欧米の技術を導入する形で進められた。近代測量は三角測量によって行われ，三角点は起伏に富む地形の位置関係を求める基準として設置されている[6]。三角点には一等三角点を始めに5種の区分があり，一等三角点は最も基本的な枠組みを有し，日本経緯度原点[7]を出発点として，一辺が約45kmの大三角網を形成し，三角測量により水平位置が決定されている。三角点の多くは隣接する三角点相互間の見通しを確保す

る必要性から，展望の良い山頂に設置されることが多い。

　三角点の置かれた山が都市におけるランドマーク・マウンテンとして認識されることは少ないかもしれないが，国土地理院発行の地形図には重要なポイントとして位置づけられ，一等三角点は登山者などにとって重要なランドマークとなり，三角点の設置とともにその山がランドマーク・マウンテンとしての意味を含む対象として認識されている。

（4）ランドサインとランドマーク・マウンテン[8]

　アメリカ合衆国のロサンゼルスには，ハリウッドサインがある。1923 年に名も知られていなかった当地の宅地開発を宣伝するために，標高 1,640 フィートのリー山頂上付近に「HOLLYWOOD LAND.」の看板が設けられた。映画産業のメッカであるハリウッドの象徴としての意味を強く持つこのサインは，老朽化したため 1978 年に再建された[9]。看板に標示された文字と地名によって地域のシンボルとなったランドサインの代表例である。

　港湾都市神戸は，明治期の近代的築港事業以来，港の景観や機能と人々の生活を密接に関連させ，地域アイデンティティを醸成してきた。現在，市街地の背後に位置する六甲山系の錨山，市章山，堂徳山の斜面にピクトグラム，記号，絵，文字といった多種類のランドサインが確認できる。これらのランドサインは，明治以降，現在に至るまでライトアップや電飾により，神戸市のシンボルとして位置づけられてきた。

　多雪地域における山では，しばしば融雪時に現れる雪形を動物等に見立て耕作時期の判断材料として用いている。雪形は季節におけるランドサインとも言うべき存在であろう。このように，山の斜面は人々にとって面的アイストップとなり，ある種のスクリーン効果を発揮することが可能になる。とくに，地域や都市におけるランドサインは地域アイデンティティを反映し，ランドマーク・マウンテンとしての意味が深まるものと考えられる。

（5）技術発達とランドマーク・マウンテンの関わり

　日本における明治以降の近代化に伴う技術発達は，山の存在を地域住民に

第3章　景観要素としてのランドマーク・マウンテン　75

とってより身近なものへと導いた。それは，索道（ケーブルカー，ロープウェイ等）の建設であり，多くの人々を山麓から山頂へ容易に移動させることが可能になり，人々に新たな眺望点・展望点を提供することができた。また，モータリゼーションの進行とともに各地にドライブウェイが開設され，山頂に至るアクセスが向上し山との関わりをより容易なものへと変化させた。併せて余暇時間の増加は登山をはじめとして，リフレッシュ空間としての山を強く意識することが可能になった。

　また，ラジオ・テレビ放送の発達は電波の到達範囲を拡大するため山頂付近に電波塔を建設することにつながった。各地で山頂付近に林立する電波塔が新たな景観要素になった。都市（市街地）周辺の人口稠密地帯において顕著に見られ，大阪府と奈良県の府県境に位置する生駒山などは遠方より電波塔の林立を望むことができる。

　以上のように，ランドマーク・マウンテンの役割は自然や人文の諸要素から成り立ち，時の流れがさらなる機能を付加していった。

3. 函館の都市形成とランドマーク・マウンテン

(1) 函館の都市形成 [10]・[11]

　函館は函館山と亀田半島とを結ぶ陸繋砂州上に発達した。1873（明治6）年に青森と函館，1874（同7）年に東京と函館間に定期航路が開かれゲートウェイ都市としての基盤が形成された。その後は鉄道の敷設や青森と函館を結ぶ連絡船が就航するなど交通拠点性が増し，港湾整備を始め関連産業や関連施設の建設が進み都市機能が高まった。とくに北洋漁業基地としての発展は商工業の発展を促し人口も増加した。とは言え，低平な砂州上に展開する市街地や東西を海で囲まれる地形のため風が強く，1934（昭和9）年には大火に見舞われ市街地の大半を消失した。その後，都市計画や土地区画整理事業を進め，防火対策のためグリーンベルトを配置するなど防災・減災に努めている。

　第二次世界大戦後は北洋漁業の衰退や漁業基地としての釧路や根室などの漁港の台頭により，函館の地位は低下した。それに代わり，函館は観光都市とし

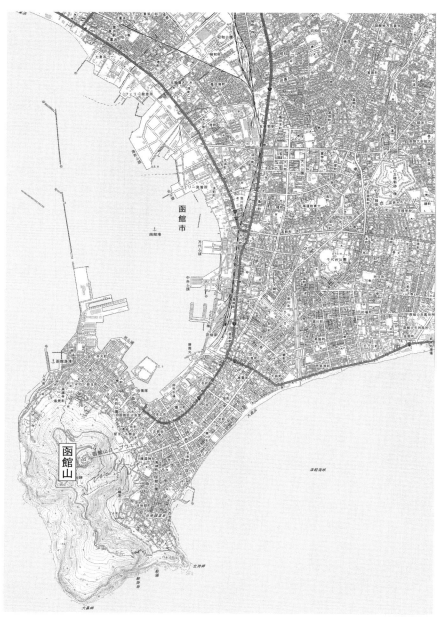

図 3-1　函館市街地（地形図）（2 万 5000 分の 1 地形図「函館」平成 29 年発行に一部加筆）

ての性格を強めていくことになった。函館山や五稜郭といった観光要素や臨海部に広がる倉庫群のリノベーションによるウォーターフロントの整備など，観光地としての魅力を高めている。函館空港の整備も本州からの誘客に結びつき利用客も増加傾向にあり，青函連絡船の廃止で落ち込んだ地域経済や人口減少に歯止めをかける努力が続けられている（図3-1）。

(2) ランドマーク・マウンテンとしての函館山
　函館のランドマーク・マウンテンとして位置づけられる函館山は臥牛山（がぎゅう）とも呼ばれ，高さ333.8m，周囲約9kmである。展望台や三角点，電波塔が位置する御殿山をはじめとして，薬師岳，つつじ山，汐見山，八幡山等の峰々が重合しつつ全体に一体化しており，函館市街地や海洋部からは独立した山塊として認識できる（写真3-8）。函館山および市街地中心部は前者が陸繋島，後者が陸繋砂州の関係となっている。函館山から扇状に伸びる砂州の展望は，昼夜間を問わず人々の視野を集中させるビスタを提供している（写真3-9，写真3-10）。
　こうしたビューポイント，アイストップとして位置づけられる函館山だが，1889（明治22）年から1945（昭和20）年までは国防上の拠点として防御施設の砲台や防空施設が設けられた。すなわち，津軽海峡防御の拠点となったので

写真3-8　五稜郭タワーより函館市街地・函館山を望む

写真 3-9　函館港より函館山を望む

写真 3-10　函館山山上より函館市街地を望む

ある。この間，一般市民の立ち入りは厳しく制限され，測量・撮影・スケッチなどは禁止された。したがって，市民の憩いの空間はもちろん登山対象になることはなかった。他方，函館山全山の要塞化は自然環境の保全には大きな効果があり，防御施設の一角を除き動植物の保護が図られたともいわれている。要塞時代から軍用道路があったが，第二次世界大戦後に開放されてから1953（昭和28）年に山頂まで道路が開通，翌年に展望台が完成した。

　第二次世界大戦後，函館山は大きな変化を迎えることになる。それは展望台

第 3 章　景観要素としてのランドマーク・マウンテン　79

写真 3-11　函館山ロープウェイ

の建設とロープウェイの設置である。1958（昭和33）年に運行を開始したロープウェイ（1988年改修）は，全長835m，高低差279mを約3分で結び様々な景色を楽しむことができる（写真3-11）。都市におけるランドマーク・マウンテンとなる山の多くがケーブルカーやロープウェイを有することは，山が単なる自然要素ではない対象としての存在であることの証であろう。

　函館山は電波送信地としても重要な役割を担っている。NHK，HBC，STV，HTBなどの放送所があり，山上における電波塔の林立は展望施設とともに景観要素として認識でき，市街地からのアイストップとして機能している。

　ちなみに，1932（昭和7）年に函館市小學校地理教育研究會により刊行された「函館市地理読本」によると [12]，函館山を次のように説明している「函館山は私達にとつてなつかしい山です。明暮に眺めては「函館山の雪も消えた，もうすつかり春だ。」〔中略〕などと，四季の移り變りをはつきり感じます。」〔中略〕「函館山の麓から連る電燈の眺めの美しさ，誰でも函館の夜は美しいと言います。」〔中略〕「山は大層堅い岩で出來てゐて，五稜郭の濠や，今はありませんが辨天砲臺（べんてんほうだい）の石垣は此の山の岩で造りました。もとは山登りが自由に出來て，殊に四月八日（陰暦）には三十三番の觀音まゐりの人々でにぎはひました。」〔中略〕「函館山は要塞地帶として，勝手に寫生をしたり寫眞をとつたり，飛行機で空を飛んだりしてはならないことになつてゐます。」」（一部改変）。このよ

うに，人々の生活と密接な関係が結ばれ，函館山が四季の変化を確認する存在であり，すでに夜景への関心が芽生えていた。また，観音信仰の対象となっているものの，軍事的な存在として立ち入りが禁じられ，その存在が秘匿対象になっていたことも明らかである。当時の函館山は人々にとって身近な存在ではあるものの視覚的な認識対象であった。

（3） 夜景の効果と函館山

　世界では夜景の美しさを競う都市としてイタリアのナポリ，中国のホンコンそして日本の長崎や函館を挙げることが多い。夜景は人間の視覚において，「図」と「地」の関係から面的・暗黒な地に対し，点的な光による図の展開といったコントラストにより成立する。それは，人々の夜間の営みを美的にとらえることができ，多種多様な色彩を認識することでもある。高所から俯瞰することによってより明確な夜景が認識可能で，都市における観光要素としても欠かすことができない。函館の夜景は市街地が陸繋砂州に展開しており，扇形に無数に点在する光による効果や縁取りが明瞭に認識可能であることもその理由の一つであろう。近年，夜景遺産として日本各地の例が取り上げられることも多いが，函館はその代表例となっている。

4．室蘭の都市形成とランドマーク・マウンテン

（1） 室蘭の都市形成 [13)・14)]

　室蘭は鷲別岳の南麓と海岸段丘および鷲別川・知利別川が形成した低地，そして陸繋島となった絵鞆半島からなる。1799（寛政 11）年に幕府直轄地となり，蝦夷における軍港の役割を担った。明治に入ると開拓史設置に伴う札幌との連絡の必要性から道路建設，鉄道の敷設が進められた。また，炭鉱開発に伴う空知や夕張との鉄道敷設に伴い室蘭港は石炭の積出港として機能した。

　その後，道内の鉄鉱石や石炭を用いた製鉄所の建設や鉄鋼業の成立に伴い工業都市として発展を遂げた。第二次世界大戦後の鉄鋼業は好不況の波に揉まれながら企業合併等を繰り返すことにより経営を維持し，その他機械・科学・セ

第 3 章　景観要素としてのランドマーク・マウンテン　81

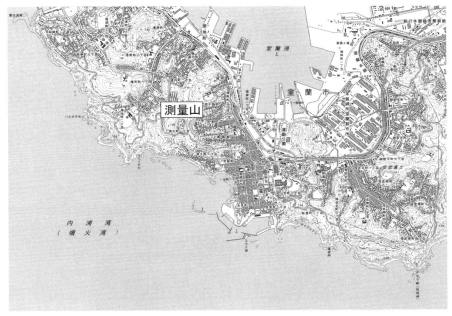

図 3-2　室蘭市街地（地形図）（2 万 5000 分の 1 地形図「室蘭」平成 18 年発行に一部加筆）

写真 3-12　測量山より工業地区を望む

メントなどの立地と併せ工業都市としての機能を維持している。また，海陸の結節点としての港湾都市整備も進められている（図 3-2，写真 3-12）。

(2) ランドマーク・マウンテンとしての測量山

室蘭市清水町に聳える測量山（標高 199.63m）は，1872（明治 5）年に「札幌本道（札幌－室蘭）」を建設する際，陸地測量道路築造長の米国人技師ワーフィールドが，この山に登り見当をつけたことから「見当山」と呼ばれていた。ちなみに，先住民族は同山をホシケサンベと呼び海上からの目標とし，明治初年の和人は見当山と称したとされる[15)]。

北海道開拓の礎を築いた松浦武四郎は，「ヲシケサンヘは，この辺にてすこぶる風景よし。形，富士に似たる山なり。この上に観音にても安置してせば，

写真 3-13　室蘭市街地より測量山を望む

写真 3-14　測量山山頂公園（手前：三角点）

おいおい参詣の人数もでき，上の辺りを踏みならし，開拓の一助となることもあるべきに，いかにも普陀落世界というべき処なるなり（東蝦夷日記）」と書き残している。測量山のランドマーク・マウンテンとしての可能性を示唆したものと言えよう[16]。同山は北海道南部一帯の地形測量の基点となり，測量山山頂には一等三角点補点（室蘭山：199.63m）が置かれた。後に北海道開拓史における歴史的意義を後世に伝えるため「測量山」と改称された。山頂部には，NHK をはじめとする地上デジタル放送の中継施設や FM 放送の送信・中継施設や鉄塔が設置されている。1958（昭和 33）年に NHK 総合テレビ塔，続いて HBC，STV，NHK 教育などが立てられた。1967（昭和 42）年には山頂部が測量山山頂公園として整備された。測量山は多くの鉄塔・テクノランドマークの存在が視野に入ることより，ランドマーク・マウンテンとして位置づけることができる（写真 3-13，写真 3-14）。

(3) 地域活性化とランドマーク・マウンテン

1988（昭和 63）年に開催された「むろらん港まつり」に併せて，測量山に林立する電波塔のライトアップが行われた。その後，市民運動により継続され連続点灯が続いている。室蘭ルネッサンスの一環として取り組まれており，市民の誕生や結婚等の慶事，転出入の挨拶，会社の創立といった記念日に点灯され，協賛金をもとに継続されている。室蘭市の基幹産業である鉄鋼業の衰退によるイメージの低下に一石を投じる「測量山ライトアップ」として，地域イメージの醸成に結びついている。函館山が山上からの夜景景観を鑑賞する場として位置づけられるのに対し，測量山は市街地からカラフルな電波塔を仰ぎ見るアイストップ効果が発揮されているものと言えよう。

5. まとめ

以上のように，ランドマーク・マウンテンの機能は多様であり，山頂等からのビスタ（眺望），ビューポイントの成立，周囲からのアイストップとして位置づけることができる。そして人々にとって見る・見られる存在として重要な

意味（ミーニング）を含んでいる。それは，人々の空間認識・認知を支えるポイントとなり，空間的特異点として機能する。すなわち，ランドマーク・マウンテンはわかりやすさ（レジビリティ（legibility））を発揮し，地域のシンボル，地域アイデンティティを有する例も多い。ランドマーク・マウンテンは人々の視線を集中させ，焦点化し，空間を構造化し，場所化する作用を促すための空間認知のエレメントとして機能し，景観構成要素であるランドマークの基本特性が反映される場として位置づけることができる。ランドマーク・マウンテンは当該地域のシンボルとしての機能を有することが多く，人々にとって地域や都市のイメージを醸成する場となり，余暇空間，認知空間として位置づけることができる。とくに第二次世界大戦後は輸送技術の発達やモータリゼーションの進行とともに，山が大衆化し人々にとって身近な存在となっていった。

　ランドマーク・マウンテンの果たす役割は多様であるが，空間的・景観的な意味においては，特異点，アイストップ，ビューポイントとして機能している。山は本来，地形や植生によって把握可能な地理的空間における自然要素である。しかし，人々との関わりが増すことにより身近な存在となる山は，人文要素を含む重要なランドマークとなる。そして，景観的にはアイストップ，ビューポイントとしてレジビリティや地域アイデンティティを醸成可能な存在にもなる。そして，ランドマーク・マウンテンは昼夜を問わずその存在感を発揮する。ランドマーク・マウンテンは都市空間における認知対象として機能し続けるのであろう。このような意味を再認識しつつ，ランドマーク・マウンテンの意味（ミーニング）をとらえ，地域や都市におけるミーニングや地域アイデンティティを表象する存在として地域づくりや景観形成に活かす必要があろう。

[注]
1）足利健亮『景観から歴史を読む 地図を解く楽しみ』日本放送出版協会，1998，54
　　～ 58 頁.
2）林屋辰三郎『京都』岩波書店，1962，7 ～ 9 頁.
3）津川康雄「京都の観光要素」立命館地理学 5，1993，17 ～ 29 頁.
4）津川康雄『地域とランドマーク』古今書院，2003，全 225 頁.
5）池田末則監修・村石利夫編著『日本山岳ルーツ大辞典』竹書房，1997，全 1142 頁.

第 3 章　景観要素としてのランドマーク・マウンテン　　85

6）安藤正義・多摩雪雄・冨田弘平・松本浩共著『一等三角点の名山と秘境』新ハイキング社，1996，全 339 頁.

7）東京都港区麻布台の旧東京都天文台跡地.

8）津川康雄「ランドサインの成立過程と地域アイデンティティの関係」地域政策研究 8-1，2005，25 頁〜 44 頁.

9）常盤新平他『アメリカ情報コレクション』講談社，1986，314 〜 317 頁.

10）山口恵一郎編『日本図誌体系　北海道・東北 I 』朝倉書店，1972，2 〜 6 頁.

11）平岡昭利編『北海道 地図で読む百年』古今書院，2004，55 〜 60 頁.

12）函館市小學校地理教育研究會編『函館市地理読本』函館評論社，1932，16 〜 18 頁.

13）前掲 10）75 〜 80 頁.

14）前掲 11）92 〜 98 頁.

15）室蘭市市史編さん委員会『新室蘭市史 第一巻』室蘭市，1981，652 〜 653 頁.

16）室蘭市史編集室編『室蘭のうつりかわり』室蘭市，1977，15 〜 16 頁.

第4章 地理的特異点とランドマークの関係

1. 地理的特異点とランドマーク

　地理的空間には自然的，人文的もしくは両者が重合した地理的特異点が存在する。自然的特異点には，陸地における山の頂上もしくは最高峰，尾根の頂部（峠），半島の先端・尖端（岬），河川の合流点・分岐点や転向点・屈曲点などがその例として挙げられる。すなわち，内的（自然的）営力により形成された特別な地点がその例になる。ちなみに，東西南北で示される座標上の最先端，たとえば北海道の最東端，最西端，最南端，最北端なども一地点のみが示された地理的特異点とみなすことができる。また，人文的特異点にはイギリスのグリニッジ子午線（旧グリニッジ天文台）や日本経緯度原点や街道の分岐点，道路や鉄道の最高地点，スイス・バーゼルのライン川の中央部にあるスイス・フランス・ドイツ三国の国境分岐点など，人間の諸活動に起因することにより生まれた地点や場がある。さらに，自然的・人文的特異点には経緯度交会点など自然的特性と人為的意図が反映され，両者が重合することにより成立する例が存在する。

　このような地理的特異点は人々にとって目標点，目印として認知点になりやすく，特別な場所性や地域アイデンティティが付加されることもある。言い換えれば単一の地点のみがその対象になるきわめて希少性の高い地点である。このような地点には，その場を象徴・表象するためのモニュメントや各種の施設が設けられることが多く，ランドマークの成立が促されることも多い。そして，地理的特異点に成立するランドマークは，空間イメージや原風景を形成し，地

域アイデンティティを表象するものとなり，人々の感性を刺激し，空間行動における到達感や意識の転換を促すこともある。さらに，ツーリズムの目的地や観光スポットとなる例も多い。本章においては，地理的特異点とランドマークの関係をいくつかの事例から明らかにし，その意味（ミーニング）を考察することにした。

2. 地理的特異点とランドマークの成立 [1]

(1) 自然的特異点とランドマーク

　地球上おいては内的営力と外的営力の作用により陸地が形成され，各種の地形が生み出されている。海陸の境も様々な形態を確認することができる。こうして生まれた地形に地理的特異点を見いだすことができる。すなわち，大陸，国，地方など一定の範囲には必然的に東西南北の座標点が生じ，最東（西・南・北）端，起伏を生ずる地形には最高点といった地理的特異点が成立することになる。また，海洋に突き出す半島や島などには先端・尖端（岬）が生まれ，海上交通を円滑に進めるための灯台等が設置され，陸標・目印としてのランドマークとなっている。山地や丘陵・台地も起伏・高度を生じることから，頂上（ピーク），山地の尾根には上下の境目となる分水界や峠が成立する。このような場所は，登山，山岳信仰，交通路，展望・俯瞰点などとなり，人々にとり到達感，信仰心の充足といった意識の転換点・収束点・集中点として位置づけられることも多い。

a. 山地（山頂・最高峰・峠）
〈エギュイーユ・ドュ・ミディ〉

　フランスのシャモニーは，ヨーロッパ最高峰のモンブラン山麓に広がるリゾート・観光地である。正式名称はシャモニー・モンブランで，夏の登山，冬のスキーなど多くの人々が集まる。アルプスの氷河を間近に見ることができ，町にはモンブラン登山やスキーの歴史を知ることができる山岳博物館がある。

　モンブラン山を間近で眺めることができるのが，エギュイーユ・ドュ・ミディ

第 4 章　地理的特異点とランドマークの関係　89

写真 4-1　エギュイーユ・ドュ・ミディ展望台よりモンブラン山方向を望む

写真 4-2　エギュイーユ・ドュ・ミディのロープウェイ

山であり，1955 年に 3,777m の山頂部の駅までロープウェイがつくられた。針のように尖った山群の一つである同山は「正午の時計の針」と呼ばれ，シャモニーから眺めると，正午に太陽が山上に位置するように見えることに由来する。スイス・フランス・ドイツ・イタリア・オーストリア等に広がるヨーロッパ・アルプスでは多くの登山鉄道，ケーブルカー，ロープウェイを利用して手軽に山の頂上に向かうことができる。一部の山には十字架がモニュメントとして設置されており，畏怖畏敬の地として位置づけられることも多い（写真 4-1，写真 4-2）。

写真 4-3　メテオラのアギア・トリアダ修道院

〈メテオラ〉

　ギリシアのほぼ中央部，ピンドス山脈の東側に岩塊が林立する奇岩群が広がっている。メテオラはセサリア（テッサリア）地方北端に広がる奇岩群とその上に建設された修道院の総称である。キリスト教の修道士によって同地の険しい地形は，俗世との関わりを絶ち，祈りを捧げ瞑想にふける場として選ばれたのである。9世紀頃から修道士がこの地に移り住み，14世紀頃になると岩の上に修道院が次々に建設された[2]。修道院の入り口や内部には，ギリシア正教の象徴であるイコンが掲げられている。

　メテオラは，その自然的価値としての地形およびギリシア正教の修道院の文化的価値が評価され，1988年にユネスコの世界遺産（複合遺産）に登録された（写真4-3）。

〈碓氷峠〉

　峠は山道を登り詰めた部分から下りになる場所であり，山越えの道の最高地点に相当する。そのため，旅人の目標点や意識の転換点といった地理的特異点となり，小説の題材・タイトルに用いられるなどしてきた。江戸時代では，峠越えの地点に関所が設けられることも多く，群馬県民に親しまれている上毛カルタに「碓井峠の関所跡」の札がある。

　碓井峠は群馬県安中市（旧松井田町）と長野県軽井沢町の境界をなす峠で

第4章　地理的特異点とランドマークの関係　91

写真 4-4　碓井第三橋梁（アーチ）

ある。関東から中央高地を経て畿内に向かう東山道の要地であった。その後，江戸時代に整備された五街道の一つ中山道の峠として位置づけられた。全69宿で碓井（安中市）と木曽の福島に関所が設けられた。峠は1886（明治19）年に南の矢ヶ崎山との鞍部付近に移り，旧中山道の国道18号が開通したが，1893（明治26）年の鉄道開通で寂れた。第二次世界大戦後は自動車交通量が増加したものの，急勾配とカーブの連続から1971（昭和46）年に入山峠越えの碓井バイパスが建設され，旧道の利用者が減少した。鉄道はドイツのハルツ山鉄道のアプト式を採用し，1891（明治24）年から同26年にかけて建設され，多くのトンネルと橋が設けられた。碓井第三橋梁（アーチ）もそのうちの一つである（写真4-4）。ちなみに，近代化遺産が国の重要文化財に指定されているが，同橋が第1号である[3]。1997（平成5）年の北陸新幹線（開業当初は長野新幹線）一部開通により，信越本線の碓井峠区間（横川－軽井沢間）が廃止された。

b．河川
〈合流点・分岐点（コブレンツ）〉

　ドイツのラインラント＝プファルツ州に位置するコブレンツは，古代ローマ人がライン川とモーゼル川の合流点・分岐点に城砦を設けたことにより城塞都市，河川交通の要衝として発展してきた。フランス東部のボージュ山脈に源を

写真4-5　ドイチェス・エックの先端部分

写真4-6　ドイチェス・エックからエーレンブライトシュタイン要塞を望む

発するモーゼル川は古代より河谷を利用した交通路が発達し，河川整備が進むことによりフランスのロレーヌ地方の鉄鉱石を利用した鉄鋼業やブドウ栽培によるワインの生産地（モーゼルワイン）を抱えている。ヨーロッパの南北軸として知られるライン川は上・中・下流とその姿を変えていく。一般的にドイツのマインツからボンまでが中ラインと呼ばれ，特にリューデスハイム，ビンゲンからコブレンツの間のロマンチック・ラインはローレライや古城を含む景観が観光資源となっており，ラインワインの生産も盛んである。当地域は2002年に地理的・歴史的・文化的，産業など複合的な景観が評価され，「ライン渓谷中流上部」として世界遺産登録されている。

ライン川とモーゼル川が合流する地点はドイツからフランス方面，スイス方面へと向かう分岐点に当たっており，交通の要衝として位置づけられてきた。両河川の合流点は土砂が三角形に鋭角に突き出すように堆積した地形であり，その形状からドイチェス・エック（ドイツの角）と名付けられている[4]（写真4-5）。ここには，ウィルヘルム1世の騎馬像があり，多くの観光客が訪れている。ライン川右岸には，エーレンブライトシュタイン要塞があり同地域を俯瞰する場所となっている（写真4-6）。

〈屈曲点・転向点（バーゼル）〉

　ライン川はスイスアルプスのトーマ湖に端を発し，ドイツ・フランス国境を流れドイツ諸都市およびオランダを通過し北海に注ぐ国際河川であり，河川交通の大動脈としてヨーロッパの南北軸と位置づけられる。スイスのバーゼルはライン川が山岳地帯を通過し，東から西に向かう流れが北に向きを変える地点に当たっており，傾斜も緩やかになる。そのため，流れも穏やかになると同時に水量も増加する。古くから水運も盛んに行われ，バーゼルは国際貿易港として発達・発展してきた。それに伴い，工業も盛んになり古くは織物工業や製糸業，現在では化学工業，そして世界的な製薬会社の拠点としても知られている。

　バーゼル北端のライン川中央部にはスイス・ドイツ・フランスの三国国境があり，その近くにモニュメント（ドライレンダー・エック）が立っている（写真4-7）。

c. 岬

〈宗谷岬〉

　北海道の北緯45°30'に位置する日本最北端の岬である（領土問題等，諸解釈が存在する）。周氷河地形が広がる宗谷丘陵の先端部を占め，海岸段丘が発達している。同

写真4-7　三国国境のモニュメント
（ドライレンダー・エック）

写真 4-8 「日本最北端の地」の碑

写真 4-9 佐多岬灯台

写真 4-10 佐多岬展望公園

第 4 章　地理的特異点とランドマークの関係　95

写真 4-11　ロカ岬

地には「日本最北端の地」の碑，樺太探検家として知られる間宮林蔵の像が立っている（写真4-8）。周辺は宗谷岬公園として整備され，宗谷岬灯台や旧海軍望楼があり，多くの観光客が訪れる場所となり，「日本最北端の地」の碑に隣接する店舗内において，稚内観光協会による「日本最北端到着証明」が年月日・時間入りで発行される。

〈佐多岬〉

　鹿児島県東部の大隅半島最南端の地である。北緯31°に位置し，九州本島最南端となっている。切り立った海食崖が広がり，亜熱帯性の植物が多く自生する。岬の沖合に枇榔島（びろうじま），大輪島（おおわじま）の小島が点在し大輪島の佐多岬灯台は，イギリス人の設計により1871（明治4）年に建設された日本最古の灯台である。その後，第二次世界大戦中に空襲で焼失したが，1960（昭和35）年に復旧した。同岬を含み霧島錦江湾国立公園となっている（写真4-9，写真4-10）。

〈ロカ岬〉

　ロカ岬はヨーロッパ最西端（ユーラシア大陸最西端）の岬である。その位置は北緯38°47'，西経9°30'であり，灯台が設けられている。当地には，ポルトガルの詩人ルイス・デ・カモインスの叙事詩の一節「ここに地終わり海始まる」の碑があり，訪れる人々に到達感といった特別の感慨を喚起する場となっている（写真4-11，写真4-12）。なお，ユーラシア大陸最西端到達証明書が有

写真4-12 ルイス・デ・カモインスの「ここに地終わり海始まる」の碑

料でシントラ市から発行されている。その内容はポルトガル語および6カ国語で『〔前略〕ここは，ヨーロッパ大陸の最西端に位置し，「陸尽き，海はじまる』と詠われ，新世界を求め，未知の海へとカラベラ船を繰り出した航海者たちの信仰心と冒険魂が，今に尚，脈打つところです。」と表記されている。

d．先端・尖端
〈襟裳岬〉

　襟裳岬は北海道えりも町に位置する岬であり，日高山脈が太平洋に向かって沈み込む地点となっている。いくつかの岩礁が海面から連続して突き出す景観が特徴的である。岬の先端は太平洋を見渡す展望・眺望点となっており，多くの観光客が訪れる。岬一帯は風が強く，沖合で暖流の黒潮（日本海流）と寒流の親潮（千島海流）がぶつかることから海霧が発生しやすく，航行の安全を図るため，1889（明治22）年に襟裳岬灯台が設置された。周辺海域は江戸時代からコンブの産地として知られたが，広葉樹の伐採に伴う砂漠化が進行したため陸地の養分が海に届かず，海産物の漁獲量が激減した。その後の治山事業により緑化が進められ，コンブの生育が回復し，回遊魚も集まる漁場となった。岬周辺の岩場はゼニガタアザラシの生息地・観察地ともなっている。ちなみに，同岬を用いた楽曲がいくつかあり，当地にその歌碑が設置されイメージ・

第 4 章 地理的特異点とランドマークの関係　97

写真 4-13　襟裳岬

シンボルとなっている。同岬を含み日高山脈襟裳国定公園となっている（写真4-13）。

(2) 人文的特異点とランドマーク

　人間の諸活動に伴い，世界各地に人文的特異点が生まれた。交通の発達を例にすると，徒歩交通を支える街道には起点と終点や分岐点が成立し，行き交う人々にとっての空間認識ポイントとなり特異点としての意味（ミーニング）が付加された。また，日本では国の基幹道路として整備されてきた国道をはじめとする種々の道路は，人や物の移動を支えるネットワークとして機能している。鉄道も道路交通と同様なネットワークを形成し，駅や通過地点に種々の空間認識ポイントとしての地理的特異点が生み出されてきた。

a. 街道の起点・終点（日本橋－三条大橋）

　東海道は江戸と京を結ぶ近世の五街道の一つであり，江戸の日本橋を起点に京の三条大橋に至る。神田川の支流で隅田川に合流する日本橋川に 1603（慶長 8）年に日本橋が架橋されたといわれる。同橋は長さ約 68m，幅 7m の木橋で，東海道をはじめとする五街道の里程元標と定められた。1907（明治 40）年に東京市が日本国道路元標を橋の中央部に設置し，同 11（明治 44）年にルネサ

写真 4-14　日本橋

写真 4-15　三条大橋

ンス様式の石橋となった。東海道の終点となる三条大橋は，鴨川に架かる橋で擬宝珠高欄付きの木造橋で西詰めに里程元標がある。

　河川の渡河点に設置される橋は，点と線からなるネットワークにおける点としての意味を強くもち，ランドマークとして人々の認識ポイントとなる（写真4-14，写真4-15）。

b. 街道分岐点（追分）

　追分は本来，牛馬を追い分ける場所を意味したが，そこから街道の分岐点を指すようになった。新宿追分（甲州街道－青梅街道），草津追分・草津宿（東海道－中山道）などに代表される。

　信濃追分は長野県東部，軽井沢町西部の追分地区の通称で中山道と北国街道の分岐点に位置する宿場であった。近世には中山道の沓掛，小田井両宿の中間の宿で，軽井沢，沓掛とともに浅間三宿と呼ばれていた。街道の分岐点には分去れの常夜灯が置かれ，旅人の目印となっていた（写真4-16）。

c. 国道最高地点（渋峠）

　国道は国が建設・管理する道路の総称であり，現在は一般国道と高速自動車国道との総称となっている。明治以降に等級がつけられ，後に番号表記が使用されるようになった。その後，大正，昭和と次々に路線が増加し，現在では459路線，1号から507号（48路線欠番：国土交通省資料）となっている。

　渋峠は，群馬県中之条町（旧六合村）と長野県高山村との境に位置する峠である。横手山と白根山の間を通過する峠で，志賀草津道路（有料道路）として1965（昭和40）年に開通したが，その後国道292号に組み込まれた。国道292号は群馬県長野原町と新潟県上越市を結んでいる。渋峠から群馬県側に2,172mの国道最高地点があり，2004（平成16）年に「日本国道最高地点」の石碑が

写真4-16　分去れの碑（長野県）

写真 4-17　国道最高地点

写真 4-18　JR 最高地点（1,375m）の碑

設置された（写真4-17）。近隣の長野県と群馬県に跨がる位置に建つホテルでは，「日本国道最高地点到達証明」が年月日・時間入りで発行される。

d. 鉄道最高地点（野辺山駅－清里駅）

　長野県東部の南牧村一帯に広がる野辺山高原は，八ヶ岳山麓に位置し，全国有数の高原野菜の産地であり，清里一帯にはペンションや別荘地が分布してい

る。鉄道はJR小海線（山梨県小淵沢駅起点－長野県小諸駅終点：78.9km）が通過し，野辺山駅（標高1,345.67m）がJR最高地点の駅となっている。同駅は洋館風の駅舎が特徴で，駅正面にJR最高地点駅を示す木製の碑が設置されている。同駅と西方の清里駅間にJR最高地点（1,375m）がある。同地点近くに鉄道最高地点を示す木製の標柱や石碑が置かれ，記念撮影の場として多くの人々が訪れている（写真4-18）。ちなみに，同地点は分水界となっており，降水は最高地点より西側は富士川，東側は千曲川，信濃川へと流れていく。

e．鉄道駅最北端（稚内）

稚内市は北海道最北の市である。東はオホーツク海，西は日本海に臨み宗谷海峡を隔て樺太（サハリン）に対している。かつて漁業が盛んであったが，明治以降稚内と樺太間に定期航路が開設され，さらなる発展を遂げた。第二次世界大戦後は定期航路が閉ざされ経済も停滞したが，稚内港が国の重要港湾として指定され，利尻島・礼文島への観光拠点としての地位も確立した。

JR北海道の稚内駅は，現在日本国内最北端の鉄道駅である（北緯45°03'03"）。宗谷線開業当初の稚内駅は，現在の南稚内駅の場所だったが，1939（昭和14）年に現在地（開業時は稚内港駅）まで延長された。駅構内には「日本最北端の駅」を示す標柱が設置されている。2011（平成23）年に新駅舎が

写真4-19　稚内駅のモニュメント

開業し,駅前広場には駅舎から延びるレールとモニュメントが置かれている(写真4-19)。ここは,道の駅わっかない(日本最北端)を含む複合施設となっており,鉄道・バス・自動車の交通結節点となっている。

(3) 自然的・人文的特異点とランドマーク

　地球上には天体における存在から必然的に生じる点や線が確認できる。地軸は地球が自転する際の軸であり,北極(点)・南極(点)を結ぶ線である。地軸は公転面に対して傾いているため,赤道を基準に南北の回帰線が成立する。赤道から北極・南極に向かいそれぞれ90°の緯度差が生じるため,基準線として緯線を用いることができる。このように,地球の本質的特性から生じる地理的特異点(線)を数多く確認することができる。他方,地球上に人為的に設定された点や線も存在する。その代表例は東経・西経0°の本初子午線である。

　このように,地球上の本質的特性と人為的に設定された点や線が重合することによって生まれた地理的特異点を世界各地に見いだすことができる。

a. 経緯度交会点(大潟村)

　秋田県中西部に位置する大潟村は,八郎潟を干拓して1964(昭和39)年に誕生した。戦後の食糧増産に対応する干拓事業であり,全国から多くの入植者

写真4-20　経緯度交会点のモニュメント(秋田県大潟村)

が集まった．1戸当たりの経営面積は15haであり，大型機械による田畑複合経営が行われている．

1957（昭和32）年から開始された干拓事業により生まれた土地に，経線と緯線が10度単位で交わる交点が日本の陸上で初めて出現することになった（東経140°，北緯40°）．ここに経緯度交会点標示塔が設置されている（写真4-20）．かつて湖底であった場所が人為的意図により陸地化され，新たな地理的特異点が誕生したのである．ちなみに，モニュメントが設置されている地点は明治時代に定められた日本測地系によるものであり，現在の世界測地系による交会点はモニュメントから南東に約430m離れている．

b．経緯度交差点（西脇市）

兵庫県中央部に位置する西脇市は，1952（昭和27）年に市制が施行された．播州織の産地であり，繊維産業が盛んな都市である．当地は東経135°と北緯35°の交点が位置している．言うまでもなく，東経135度は日本標準子午線であり，1884（明治17）年にイギリスの旧グリニッジ天文台を通る子午線が本初子午線として設定されたことにより生じた経線であり，1888（明治21）年より日本標準時の使用が始まった[5]．

日本人の居住する範囲として，北は北緯46°付近の宗谷岬から南は沖縄県八重山諸島波照間島の北緯24°とすると中間が北緯35°となる．また，東は千島

写真4-21　経緯度交差点のモニュメント（兵庫県西脇市）

列島択捉島の東経 147° から西は沖縄県八重山群島与那国島の東経 123° と設定すると，その中心点に西脇市が位置することになる。同市は日本の中心をアピールし，「日本のへそ」と称している。そして，東経 135° と北緯 35° の交差する地点を経緯度交差点として 1924（大正 13）年に標柱を設置した（写真 4-21）。その後，世界測地系による交差点を決定し，「日本へそ公園」内に新たなモニュメントが設置された。

3. 地理的特異点とランドマークの関係

このように，自然的，人文的そして両者の重合する地理的特異点が意味（ミーニング）をもち，ランドマークや諸施設の成立や立地と深く関わっていることが明らかになった。地理的特異点となる場所や特徴は以下のようになる。

①四分，八分方位など，中心から延びる座標軸の先端は地理的領域における点が地理的特異点として位置づけられ，ランドマークが成立しやすい場となる。

②陸地における半島の先端や岬は，当該エリアの最も外側の地点となるため，海陸双方向からの認識ポイントになる。灯台などが設置される理由にもなり，結果としてランドマークが生み出される。

③河川の合流・分岐点，屈曲部，街道の起点・終点・分岐点は，自然的・人文的特異点として水陸交通の要衝となり，結節点として集落が成立する場ともなってきた。

④地理的諸事象としての山や峠における頂点，最高点など特別な意味を持つ場所は，人々の感性を刺激し，様々な感慨をもたらし喚起する場ともなる。

⑤地理的特異点には何らかのモニュメント（記念碑，記念建築物，像，記念館）が設けられることが多い。モニュメントの大半はランドマークとしての機能を果たしている。

このような地点は，特別な認知点として人々に受容されると共に，場所性を

獲得し，その意味が昇華し増幅することになる。

4．まとめ

　以上のように，地理的特異点とランドマークの関係はきわめて密接で，地理的空間における重要な地点や場となり，人々に様々な意識を喚起する意味ある地点となることが確認された。地理的特異点がもつ諸特性が，場所性，地域アイデンティティの醸成と深く結び付く所以である。とくに，非日常を味わい楽しむ観光地として地理的特異点が選択されることも多い。そのような特性から物語性を有し印象を深める効果をもたらすために，小説や映画，絵画や音楽のタイトルや素材・題材として地理的特異点が選ばれることも多々ある。

　ランドマークは様々な意図により直接的・間接的要因によって生み出される。そして，何らかの意味（ミーニング）を持ち，地域アイデンティティを発揮することになったランドマークは，要件の違いはあるにせよ継続する例が多い。少なくとも，地域のシンボルとして定着し，その存在が必要不可欠なものとして景観的・機能的に人々に受容されることが求められる。地理的特異点は物理的点としての特性に加え，特別の意味が付加され，潜在的にランドマークが成立しやすい地点・場なのである。

　地理的特異点は自然的・人文的もしくは両者の重合によって成立するものであり，必然的にその位置が決定されることも多い。しかし，同地点が意味ある存在として人々に受容されるには，新たなコンセプトの発見・付与や新規性を促すといった観点も必要になろう。当該地点を有する住民や行政機関は，その価値を明確化し洗練していく努力が求められよう。いずれにしても，地理的特異点とランドマークの関係を考慮しつつ，地域アイデンティティの醸成に結び付く景観政策が求められるのである。

［注］
1）津川康雄「地表空間におけるランドマークとその意義」立命館地理学 9，1997，17 〜 29 頁.

2）鈴木章一編集『世界「夢の旅」BEST50』講談社，2001，64 〜 65 頁．

3）増田彰久『近代化遺産を歩く』中央公論社（中公新書1604），2001，46 〜 47 頁．

4）谷岡武雄『ヨーロッパ都市の歴史街道』古今書院，2000，129 〜 139 頁．

5）津川康雄「位置決定に伴うランドマークの成立過程－日本標準子午線を例として
　－」地域政策研究 4-2，2001，1 〜 14 頁．なお，一部の地域情報等については，イ
　ンターネットのホームページ等を参照した．

［参考図書］

1）津川康雄『地域とランドマーク』古今書院，2003，全 225 頁．

2）浮田展良・中村和郎・高橋伸夫監修『日本地名大百科』小学館，2007，全 1327 頁．

3）谷岡武雄監修，三省堂編修所編『コンサイス日本地名辞典』三省堂，2007，全
　1399 頁．

4）谷岡武雄監修，三省堂編修所編『コンサイス外国地名辞典』三省堂，1998，全
　1263 頁．

第5章 都市プランの成立とランドマークの機能

1. 都市プランの成立とランドマーク

　古来より人間は集落を形成し，都市においては空間プランを生み出し生活してきた。そこには何らかの基準（点）を中心に街路計画を施すことが多く，直交路型，放射直交路型，放射環状路型などの幾何学的プランや，イスラム世界などに多く見られ敵の侵入を防ぐために迷路のような街路を施す例もある。日本における本格的な都市プランの成立は平城京，平安京に代表され，中国の都市プランの影響を受けた条坊制に基づき，中心としての大極殿を核として朱雀（南方の守護神）大路を配した方格状のプランが成立した。朱雀大路を北に延ばすと北極星に至り天空との対応も見出すことができ，北極星が古代都市における天空の基準点と見なすこともできる。ちなみに，平安京造営に際し，四神相応の北に玄武（山）が位置することから陸上の基準として船岡山が用いられ，同山がランドマークとして機能したことが理解できる [1]。

　ヨーロッパに端を発する宮廷庭園として著名なヴェルサイユ宮殿は，ルイ14世の庇護を受けたル・ノートル（Le Notre, A.）の設計で，宮殿を中心とした見通し線（王の視線を遮らない）を基軸に左右対称な幾何学的な庭園を配している [2]。この場合も宮殿が全体の中心としてのランドマークになっている。ヴェルサイユ宮殿およびその庭園は都市プランとは言えないが，幾何学的シンメトリーのデザインはその後の庭園設計や都市プランにも多大な影響を及ぼしたものと言えよう。また，パリ中心部のルーブル宮殿〜コンコルド広場〜シャンゼリゼ通り〜凱旋門に至る直線的な空間は，都市軸・時間軸として位置づけ

ることができ，凱旋門はシャルル・ド・ゴール（エトワール）広場とともに空間的アクセント，放射状に伸びる街路の焦点としてのランドマークとして機能している。

　このように，幾何学的都市プランの形成に基準（点）としてランドマークを用いる例が極めて多い。それは，ランドマークが持つ象徴性，記号性，場所性，視認性・認知性が反映される必然性が存在する所以でもある[3]。そこで，本章においては明治以降，日本において全国に敷設・設置された鉄道および鉄道駅（駅舎）を中心に，駅が直接的に都市プランの成立に深く関わった例を取り上げ，都市プランの形成および景観形成において駅がランドマークとしての機能をいかに果たすのかについて考察してみた。

2. 都市プランと鉄道との関係

（1）近代以降の都市プラン

　明治以降，日本の都市プランの形成や地域構造の変化に対して大きな影響を及ぼしたのは鉄道の存在であろう。鉄道の敷設は地域や都市ネットワークの成立・強化に結び付き，点（駅）と線（線路）は空間的存在として，空間イメージや空間認知の形成に大きな意味を持つことになった。当初は陸蒸気などとして人々から嫌悪される存在であり，多くの歴史的起源の都市（城下町，宿場町）などでは町の縁辺部・外縁部に駅が置かれ，その後，新・旧市街地が鉄道路線によって分断される契機ともなった。しかし，人・物の移動にとって利便性の高い鉄道は，都市構造上極めて重要な存在となり，人々の空間認識・認知を支えるものとして機能している。一旦路線が画定され駅の位置が決まると継続性（地理的慣性）が発揮され，人々のメンタルマップ形成やイメージの固定化にも結び付くのである。すなわち，明治以降，鉄道駅を中心とした市街地の形成や都市プランの成立が促された。鉄道駅と都市の街路パターンとの関係は，まず，既存市街地がすでに成立・展開している場合，駅の重要性が高まると共に区画整理等や市街地再開発が実行されることにより，駅前道路が拡幅・直線化される例が多々見られる。場合によっては鉄道高架化事業や地下化等により，

鉄道と街路の平面交差を回避する例も多く認められる。日本の城下町起源の都市など歴史的背景により成立した都市がその例となる。

その後，明確に鉄道敷設と鉄道駅の設置により計画的都市プランが施された例が誕生した。たとえば，北海道では開拓に伴う多くの地域・開発拠点，東京の国立市，大田区・田園調布など都市プランの創出とほぼ一体化する駅の存在，ニュータウン建設に伴うアクセス駅などにその例を見出すことができる。本章では，鉄道敷設や駅の設置と都市プランの成立には，若干のタイム・ラグが生じることも多いが，ほぼ同時期に新規開発されたものの例と考えた。

(2) ランドマークとしての鉄道駅

日本の鉄道駅は，機能的には各種の目的を持った行動を支える拠点であり，日々人々の集合離散が繰り返される。地域や都市における出入口（ゲート）として位置づけられる。また，鉄道駅（駅舎）は色や形，デザインの多様性により，ランドマークとしての機能を有するものが極めて多い。たとえば建築様式の違いは歴史的遺産や地域におけるシンボルとして位置づけられるものなど多様である。辰野金吾による東京駅の建築は，日本におけるエポック・メイキングなものとして数度の修復を経ながら丸の内のオフィス街と一体化してきた[4]。そして，皇居との位置関係を含め，東京の玄関として機能してきた。近年では，駅は建築技術の進歩や経済発展に伴い単なる乗降の場にとどまらず，宿泊施設や商業機能を含む複合的な機能を有する駅舎・高層ビル化するものも増えてきた。

都市プランにおいては多くの場合，鉄道駅を中心に大通（駅前通り）が配され，駅を基点に方格状・放射状に支路が延びる街路形態が多い。すなわち，鉄道駅はゴレッジ（Golledge, R. G.）のいうアンカー・ポイントであり[5]，リンチ（Lynch, K.）の定義するノード，ランドマークでもある[6]。そして，景観的には駅からのビスタ（眺望），ビューポイントの成立，周囲からのアイストップであり，駅は乗降の機能のみならず，見る・見られる存在として重要な意味（ミーニング）を含んでいる。それは，人々の空間認識・認知を支えるポイントとなり，空間的特異点として機能する。また，駅はわかりやすさ（レジビリティ（legibility））

を意図するように建築され，地域のシンボル，地域アイデンティティを有する
例も多い。すなわち，鉄道駅は人々の視線を集中させ，焦点化し，空間を構造
化し，場所化する作用を促すための空間認知のエレメントとして機能し，景観
構成要素であるランドマークの基本特性が反映される場として位置づけること
ができる。また，駅前空間は当該地域のゲートとしての機能や他の交通機関と
の接合部分として，さらにシンボルゾーンとしての機能を有することが多く広
場が形成されることが多い。駅舎と駅前広場が一体化することによって成立す
る場は，極めて重要な都市のイメージを醸成する場となり，都市の空間構造・
地域構造における重要な交流空間，認知空間として位置づけることができる。

3. 学園都市の成立とランドマークの機能

(1) 国立市における都市開発の経緯

　東京都国立市は日本における学園都市開発の先進事例として知られ，良好な
景観形成が図られた都市の一つである。その歴史は，箱根土地開発の堤康次郎
によるハワード（Howord, E.）の「田園都市構想」の日本での実現に端を発する。
イギリスにおける職住近接型「田園都市」の理念がそのまま実行された訳では
ないが，良質な住宅地の提供と各種の学校の集積を果たすことにより計画が実
行された。その際，必然的に東京の都心と郊外との位置関係から職住分離型住
宅地の形成が進み，両者を結ぶ鉄道の利用と鉄道駅の設置が促された。

　1923（大正12）年の関東大震災後，箱根土地開発は大泉学園都市を皮切り
に小平学園都市（その後，国分寺厚生の家と名称変更），国立学園都市建設を
実行した。壊滅的被害を受けた教育施設や住宅地が，郊外へと流出する可能性
を見越していたのである。そして，大学を誘致することによる学園都市の形成
は住宅地開発と相まって，良好な地域の創造と景観形成に配慮したまちづくり
が導出できると考えたのである。当初，箱根土地開発は雑木林の広がる谷保村
北部の土地を地主から買い上げ，開発を進めていった。堤は国立の開発に着手
する2年前に，箱根土地開発の開発担当の技師を伴いヨーロッパ各地を歴訪し，
学園都市を見学した。特にドイツのゲッチンゲンに興味を示したといわれる[7]。

第 5 章　都市プランの成立とランドマークの機能　111

そして，関東大震災による壊滅的被害を受けた東京商科大学（現：一橋大学）の移転計画と学園都市建設の理想とが結実することになった。両者の関係はその後のまちづくりにも続くことになり，とくに大学通りの植樹を初めとする景観整備等に反映された。

（2）都市プランにおける景観形成

　国立は鉄道駅および前面に直線に延びる幅約 43m の大通（当初：一ツ橋大通り，現：大学通り）と東西に放射状に延びる 2 本の街路（富士見通，朝日通（現：旭通）・幅約 10.8m）を配し，北は鉄道線をエッジ（縁辺）として国立駅を境に東西を東一条（條）から三条，西一条から七条，南北は第一線から第十九線（西側は第十八線）によって区画された（図 5-1）。計画当初から明確な条（條）・線によるグリッド・パターンを有していた。そして，区画の主要部分は東京商科大学（現：一橋大学），東京高等音楽学院（現：国立音楽大学）などが占めていた。前者は大通りを挟み，広大なキャンパスが景観形成にアクセントをもたらし，後者は旧野外音楽堂の設置に結びついたものと言えよう。

　なお，当時の箱根土地と東京商科大学（現：一橋大学）の間で交わされた覚え書きには，次のプランが明記されている。

・停車場　〔前略〕鉄道省の指定にしたがって，交通と外観とを考慮して，入念に建築すること。
・道路　新設停車場には相当の広さの広場を設け，ここから大学の敷地を貫通する幹線道路の幅は二四間とすること。ただし，大学の用地を通過する部分については，三〇間幅とすること。
　その他，停車場を起点として，幹線道路と約四五度の角度の放射線道路と幹線道路に直交する道路をつくり，〔中略〕できるだけ整然とした区画をつくるように設置すること。

などが謳われており，区画の中心としての駅舎およびシンボリックな規則的・幾何学的街路パターンへの配慮がなされている[8]。

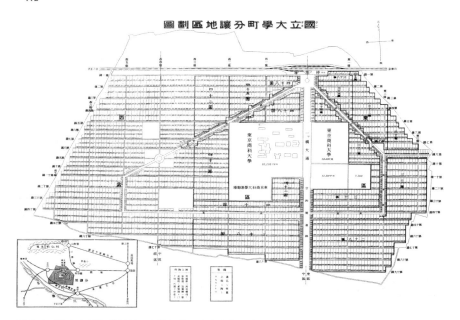

図 5-1　国立大学町分譲地区画図（『国立市史』下巻図録：原図を 30% に縮小し，一部改変）

　ちなみに大通は，幅約 43m で飛行機の滑走路としての利用も意図されたと言われている。その後，桜や銀杏，松などの並木が道路沿いに列状に整備されたのも，道路幅の広さおよび直線路が奏功したものと言えよう。そして，駅の持つ正面性と大通りとの間には，遠近感の効果（パースペクティブ）と視野を遮ることのない直線的関係性が成立している。

　また，富士見通はその延長線上に富士山を望むことができる。ビスタが都市プランに取り込まれた典型例となろう。すなわち，富士山が通りからのアイストップ，空間認識点として位置づけられ，通りの名称と一体化することによる相乗効果が図られたものと考えられる。富士見地名・名称のもつ景観イメージの効果を増幅するものでもある。対照的に東に延びる放射路は当初，如水通と呼ばれ，渋沢栄一により命名されたといわれる一橋大学後援会の如水会に由来している。開発当初，いかに大学の存在が地域との関係に強く表れていたかを示している。その後，旭通りと改称されるが，これもかつて朝日通りと呼ばれ

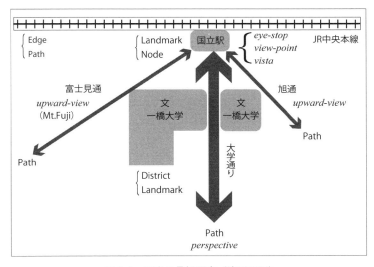

図 5-2　国立の景観要素（津川原図）

太陽との位置関係との重合を意味しており，座標上の南北を貫く大学通りとともに都市プランにおけるレジビリティ，空間認知度向上が明確に意図されている。リンチの言うパス（path）に明瞭なミーニング（meaning: 意味）が付加されたものとして位置づけられる。ちなみに，放射状に配された2本の街路の形状および角度・長さが国立駅舎の輪郭とほぼ一致すると言われている。詳細は不明だがその意図のもとに計画された街路であれば，ランドマーク（駅舎・輪郭）とランドサイン（線的・記号性）が一体化する希有な都市プラン，街路パターンの例となろう（図 5-2）。

　国立駅前の景観形成は，街路樹・並木の配置によるところが大きい。現在，緑地帯は一部配列が変わる場所もあるが，大学通りに面して桜，その内側に銀杏，歩道沿いに松や欅などが植えられている。四季の変化に対応した街路樹が認められる通りは全国的にも珍しい。道路幅の広さが幸いしたものといえよう。現在，緑地帯（並木）部分はプリンスホテル，歩道部分は国立市の所有，道路部分は国道となっている。

(3) ランドマークとしての駅舎[9]

　国立駅は 1926(大正 15)年 4 月に開業した。箱根土地開発が建築し，鉄道省に寄付した請願駅である。すでに甲武鉄道(現：JR 中央線)が開通しており，学園都市の要として建設された。その設計に携わったのはライト式建築の素養を持つ同社の社員であり，切妻屋根が施された木造平屋建て(RC 布基礎)の建築である。半円形のファンライトや上部の飾り窓が特徴的であった。また，柱には世界各国で製造された古レールが使用されている。開業当初「赤い屋根に白い壁」といった典型的洋風モデルの駅としてランドマーク化されていった。駅舎は駅前広場に面し，大学通りの中心線よりわずかに東寄りに配置され，正

写真 5-1　国立市制 20 周年記念の写真：国立郵便局

写真 5-2　国立駅から大学通りを望む

第 5 章 都市プランの成立とランドマークの機能　115

写真 5-3　大学通りから国立駅方面の見通し

面からの外観もシンメトリー（左右対称）を崩している。このように，同駅は国立市街地の形成に際し，明確なゲートウェイ，シンボルとしての象徴性を獲得していった。なお，駅前は当初，広場として整備され池や花壇，水禽舎，さらにロータリー化され標示塔や時計などが設置され空間的アクセントとなっていた（写真 5-1，写真 5-2）。

4. 田園都市の成立とランドマークの機能

(1) 田園調布における都市プラン形成の経緯

　日本においても明治以降，都市近郊の開発が進行していった。1918（大正 7）年，渋沢栄一により「田園都市株式会社」が設立され，荏原郡調布村の開発が始まった。イギリスのハワードが提唱した「田園都市構想」は産業革命後の工業都市化，大都市の過密化に対し緑豊かで快適な職住近接型の郊外住宅建設を目指すものであった。同社が宅地販売時に示した条件は，建蔽率 50％以下，3 階以上の建物の建築や道路幅の変更は不可，垣根・境界の整理・整頓などであった。同社は上下水道・電灯や銀杏並木の整備，公園（宝来公園）の設置などのインフラを整え，閑静な高級住宅地の発展を支えた[10]。ちなみに，宝来公園は急速な都市開発において住宅地に存在した武蔵野の遊水樹林の景観を保存す

る意図もあった。

　しかし，先の国立と同様に，東京の都心と郊外の位置関係から，結果的に職住分離型住宅地の形成が促され，交通手段としての鉄道によるアクセスが必要になったのである。そのため，用地買収が進む中で東京都心と郊外を結ぶ交通手段の確保は急務であり，1923（大正12）年には目蒲線，1927（昭和2）年に東横線が全通することによりアクセスの確保が図られた[11]。当時，荏原郡調布村であった当地に調布駅が設けられたが，全国に類似の駅名があることから，後に田園調布駅に改称された。分譲当時は各種生活インフラが未整備であり，住民が主体的に住環境の整備・改善に取り組むため田園調布会が設立された。同会の存在はコミュニティの形成や田園都市株式会社消滅後のまちづくりに大きな貢献を果たした。

(2) 街路計画の特徴

　街路計画は駅を中心に放射状に延びる道路と半円状に配された道路の組み合わせである（図5-3）。この形態は，イギリスの田園都市建設の端緒となったレッチワースの中心部と同様であり，その理念・形態を参考にしたことが伺える。プランのアイデアは渋沢秀雄（渋沢栄一の息子）で，同社の建築士・矢部金太郎が計画図を描いたとされる[12]。一説にはパリの凱旋門付近の道路にヒントを得たとも言われる。街の中央に配置された瀟洒な駅舎や線路を挟んで西側を住宅専用地，東側を商店街として土地利用を分離するなど新たな理念に基づく空間が創出された。ちなみに，駅から延びる直線道路および放射状街路沿いには銀杏並木が整備され景観にも配慮している。街路を構成する道路幅は4m以上，幹線道路は13mが確保された。こうした道路も当初は未舗装で，砂利が敷き詰められ頻繁な補修が求められた。田園調布会による道路整備が続き，アスファルト舗装が実現するのは昭和10年代以降で，理想都市の実現にはほど遠い状況が続いた[13]。

　当地域は1933（昭和8）年に多摩川風致地区として指定され，建蔽率・墓地・工場やその他営業に関する制限が定められ，1939（昭和14）年に都市計画東京地方委員会が田園調布を住宅専用地区化する決議を行った。一連の法整備が

第 5 章　都市プランの成立とランドマークの機能　117

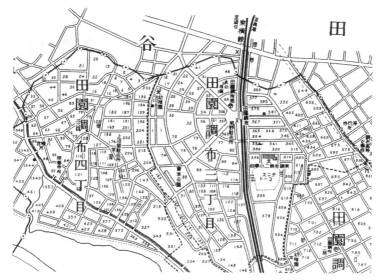

図 5-3　田園調布の街路パターン（『昭和 16 年 地形社編 大東京三十五區區分詳圖集成』昭和礼文社，1994 年より転載）

今日の田園調布の景観を保全することに結び付いた。

　田園調布のシンボルであり都市プランの要に位置する駅舎は矢部金太郎の設計である。駅舎は 1923（大正 12）年に扇状道路の要に位置する場所に設置された。大正期の木造駅舎として貴重なもので，開設当初，2 階部分は「ジグス堂」と呼ばれ食堂として使用された。正面の両側の柱には大谷石が用いられ，赤い屋根と共に田園調布のシンボルとして位置づけられる。路線の複々線化や駅の地中化を契機に 1990（平成 2）年に取り壊されたが，多くの住民の駅舎復活を望む意見を踏まえ，現在地に復元された[14]（写真 5-4，写真 5-5）。

　田園調布の都市プランの特徴は，駅を中心に放射状に延びる街路配置にある。すなわち，駅舎が街路の集合点・焦点であり，駅舎が道路からのアイストップ，駅がビューポイントとなり放射状に延びる街路に向かってビスタ・見通し線が形成されている。そして，それぞれの街路に銀杏が植えられ景観への配慮がなされている。半円状の道路パターンは整然としてはいるが，見通しを遮る部分

写真 5-4　田園調布駅（復元駅と駅前公園）

写真 5-5　駅前通りと銀杏並木

が多く，自動車交通対応型の都市プランとは言い難い。当初から自動車対応型の街路パターンを意識せず，閑静な住宅環境の保持を意図していたとすれば一つの見識と評価できる。こうして，これまでの日本の都市には例を見ない半円形・放射状街路を骨格とする都市プランを持つ例となり，その後高級住宅街の代名詞ともなる地域アイデンティティが確立されたのである。

5. 複合的都市プランにおけるランドマークの機能

(1) 北見市における都市プラン形成の経緯

　北海道の北見市は 1898（明治 30）年，中野付牛と呼ばれた常呂川・ムカ川流域の原野に 198 戸の屯田兵が入植し開拓が始まった。土地は北海道開拓に共通する規則的な方格状の殖民区画が施され（約 500m 間隔で区画割りの基準線が引かれた），多少の広狭は存在したが，各戸に約 1 万 5 千坪（5 町歩）の土地が供与された[15]。その他，屯田兵村公有地と官給地が給与された。区画割りの基準線が現在の市街地西端で 45° に交差しているのは，北東部が常呂川，南西部がムカ川の流路を目安にしたことがその要因とされる[16]。北海道の殖民区画は，経緯線を機械的に用いたアメリカ合衆国のタウンシップ制に類似しているが，地形や河川等の自然条件に柔軟に対応している。開拓当初は道路建設に伴う物流拠点，宿泊施設としての駅逓の整備が中心であり，明確な都市プランに基づく町づくりが行われてはいなかった。

　その後，1911（明治 43）年に中野付牛屯田兵村（第 4 大隊第 2 中隊）は，村有財産の一部を解放し，鉄道停車場設置に伴う市街の膨張を予想し，新たに905 戸の土地を区画し，中央道路（現：国道 39 号線）を大通りと定め，当初，北は 1 条から 5 条，東は 1 丁目から 5 丁目，西は 1 丁目から 6 丁目に至る街路整備と区画割を行った[17]。その後，戸長役場は大通り東 8 丁目に置かれ，宿泊施設，商業施設，民家等が増加するとともに市街地としての体裁が整えられた。その区画の中心に置かれたのが停車場であった。野付牛駅開業前後には，新区画割を求めて旧市街から次々に商店が移動した。1911（明治 44）年に野付牛（現：北見市）と陸別間の池網線の開通に伴う野付牛駅開業により，開拓以来の中心地であった大通 6 丁目付近から，駅を中心とした市街地形成が進んだ[18]。その後，市街地は数度の大火に見舞われるものの，明確な都市プランの施行により，その構造に大きな変化は認められない。北見市の中心市街地は北海道における多くの他都市の例と同様に，条丁目が施されている。この方格状の区画と数字により空間認知が容易になる。そして，東西・南北のほぼ座標

市　街　圖

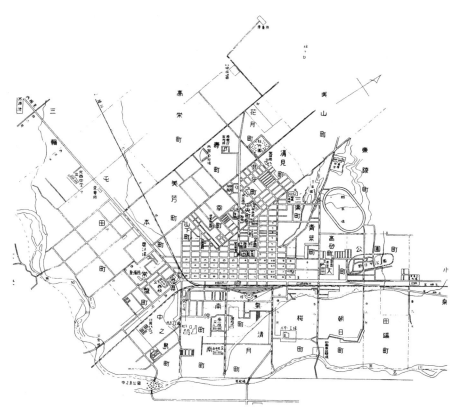

図 5-4　北見市街図（「市勢要覧 昭和 31 年版」より転載）

の原点が北見駅なのである。

　以上のように，北見市の市街地の構造は殖民区画と主要道路を基準とする新市街地の基盤となった方格状の区画（条丁目）および両者の重合部分から形成され，新市街地の中心点・基準点に北見駅が位置している（図 5-4）。当初の屯田兵村開拓に伴う土地区画としてのグリッド・パターンが，新市街地の土地区画に異なる街路パターンの選択を制限した可能性も否定できない。

このように，同市の場合には北海道開拓に伴う土地区画と街路パターンの影響が，その後の市街地形成においても方格状土地区画が施される契機となった。両者に共通するのは，測量の容易さによるものであろう。区画の容易さに加え条丁目，地番等の規則性を施すことで計画や空間認知の利便性を図るといった意図があったものと考えられる。

(2) 市街地再開発と駅空間の整備

北見市は1972（昭和47）年より本格的に駅前広場，駅舎の改築および駅周辺地区の再開発事業の検討を進め，1974（昭和49）年に駅前地区市街地再開発事業の基本計画を策定した。この事業の目的は，国鉄北見駅と駅前広場との関連性を図り，総合的な交通機能の整備を図るとともに，北見市のゲートウェイとして駅空間を位置づけることに他ならない。同様に北一条通り歩行者専用道路整備事業をはじめ，大通商店街および四条通り商店街の歩道整備等やアーケード設置などにより中心商店街の近代化を行った。1983（昭和58）年には駅前再開発事業の一環として北見駅新駅舎が完成した（写真5-6，写真5-7）。

このような複合化した市街地形成のため，石北線は1977（昭和52）年に連続立体交差化の一環として，既存市街地部分を地下トンネルで通過することになった。この部分の大半が，殖民区画と主要道路を基準とする新市街地の基盤

写真5-6　JR北見駅

写真 5-7　駅前大通

となった方格状の区画（条丁目）における両者の重合部分であり，モータリゼーションの進行にともなう渋滞解消の必要性から事業化された。現在，地上部分は「石北大通公園」として整備されている。

　複合的都市プランからなる北見市街地であるため，直交型街路が部分的に組み合わさる構造は，人々のメンタルマップや空間認識を混乱させる一要因ともなろう。しかし，市街地のグリッド・パターンの基準点となる北見駅がランドマークとして機能している。

6. まとめ

　以上，都市プランの形成とその形態は多様である。しかし，幾何学的街路形態が施される場合，何らかの基準点・原点を配して中心から周辺へと街路整備が行われることが多い。地域計画・都市計画が平面的に図面上で検討されたこともその要因の一つとなろう。日本の場合，歴史的な都市が多い中で明治以降，鉄道敷設に伴う地域構造の変化が著しい。既存の市街地においては，鉄道駅を中心に駅前広場や周辺地域の整備が行われたことが多い。鉄道駅の果たす役割は多様であるが，空間的・景観的な意味においては，特異点，アイストップ，ビューポイントなどのランドマークとして機能している。とくに，地域や都市

プランの整備が計画的に実行される場合，駅を中心に実行されることが多い。本章において取り上げた明治・大正期に起源をもつ放射直交・放射環状・複合型街路パターンを有する各々の例は，いずれも駅を基点・原点に意図したものである。とくに国立，田園調布は近代化に伴う洋風建築で駅舎が建設され，その場が人々の意識に深く刻まれたことがその後の駅舎保存活動に結びついたものと考えられる。すなわち，ヨーロッパの田園都市や学園都市の理念に基づき，その景観や機能を受容した。都市景観の醸成にヨーロッパの都市プランが形を変えつつも導入されたのである。東京の都心と郊外の開発による職住分離型住宅地の形成と両者を結ぶ鉄道敷設および駅の必要性が，必然的に駅を中心とした都市プランの成立を求めたのである。北海道においては，殖民区画に端を発する土地区画の影響を強く受けつつ開拓地の骨格が形成されたが，市街地整備に際しては，鉄道の敷設による駅・駅前整備が街路整備と密接に関わることも多かった。

　駅は本来，鉄道利用者の集合離散点であるが，都市構造・市街地構造上は重要なランドマークである。そして，景観的にはアイストップ，ビューポイントとしてレジビリティや地域アイデンティティを醸成可能な存在にもなる。いかにモータリゼーションが進行し，中心市街地の衰退が顕著になっても，鉄道駅の存在は都市空間における認知対象として機能し続けるのであろう。このような意味を再認識しつつ，鉄道駅の意味（ミーニング）をとらえ，地域や都市における位置づけを今後も行っていくことが重要である。

［注］

1)　足利健亮『景観から歴史を読む　地図を解く楽しみ』日本放送出版協会，1998，54 ～ 58 頁.

2)　佐々木邦博「ル・ノートルとフランス式庭園」進士五十八・白幡洋三郎編『造園を読む－ランドスケープの四季－』所収，彰国社，1993，128 頁.

3)　津川康雄『地域とランドマーク』古今書院，2003，全 225 頁.

4)　①林 章『東京駅はこうして誕生した』ウェッジ，2007，全 279 頁.　②野崎哲夫『進化する東京駅』成山堂書店，2012，全 210 頁.

5)　Golledge, R. G. : "Learning about urban environments," in Carlstein, T., Parkes, D., and

Thrift, N. eds., Timing Space and Spacing Time, vol.1, Edward Arnold, 1978, pp.78 〜 80.

6) リンチ，丹下健三・富田玲子訳『都市のイメージ』岩波書店，1968，1 〜 113 頁.

7) 松井晴子「箱根土地の大泉・小平・国立の郊外住宅地開発」山口 廣編『郊外住宅地の系譜 東京の田園ユートピア』所収，鹿島出版会，1987，221 〜 236 頁.

8) ①国立市史編さん室『国立市史 下巻』国立市，1990，78 〜 115 頁. ②『くにたちの歴史』編さん専門委員会『くにたちの歴史』国立市，1995，155 〜 171 頁.

9) くにたち図書館資料ボランティア編集「くにたちしらべ『国立駅舎』」国立中央図書館，2008.

10) 山口恵一郎編『日本図誌体系 関東Ⅰ』朝倉書店，1972，51 〜 54 頁.

11) 小木新造・前田 愛・芳賀 徹編『東京空間 1868-1930』筑摩書房，1986.

12) 江波戸昭監修『目で見る 大田区の 100 年』郷土出版社，2011，50 〜 52 頁.

13) 大田区史編さん委員会『大田の史話 その 2』，1988，360 〜 375 頁.

14) 大田区教育委員会「大田区の近代文化財」，1981，138 〜 139 頁.

15) 清水昭典著「北見の歴史をみつめる」広報きたみ，2007.

16) 平岡昭利編『北海道 地図で読む百年』古今書院，2004，127 〜 132 頁.

17) 遠田恭行編著『ふるさとの想い出写真集 明治・大正・昭和北見』図書刊行会，1979，30 頁

18) 北見市史編さん委員会『北見市史 下巻』，1983，109 〜 187 頁.

第6章　都市景観形成のプロセスとランドマークの機能
－東京・国立市を事例に－

1．都市における景観形成

　都市の景観は長い時間を経過する中で，都市プランや個々の建築物，河川や街路樹などの自然的要素が相互に関連し，形成・醸成されていく。もちろん，歴史的経緯の中で，様々な意思決定がなされ，当該都市の景観が変化することもある。とくに良好な都市景観を維持してきた都市は，都市景観に変化をもたらす事象が発生する際，住民や自治体等が相互に協力して解決策を模索し，合意が得られない場合は住民が訴訟に持ち込む例もあった。

　本章においては，ヨーロッパの田園都市構想を理念に学園都市の成立を図り，計画的都市プランが施された東京・国立市（国立駅および大学通り一帯）を取り上げ，良好な景観が形成されるに至った経緯と景観変化に大きなインパクトを与えかねなかった事象の確認と，それに対してどのように対応したのか等について検討し，景観形成にランドマークがいかに重要であったのかについても分析した。

　国立市における都市景観形成の基盤は，大学通りの存在であろう。都市プランの骨格を成す幅43mの大学通りをメインストリート，シンボルロードとして位置づけ，通りの両側に配置された並木（街路樹）がアクセントとなり，シンボルロードとしての価値を高めたのである。当初より都市プランおよび街路配置が決定された訳だが，その後，並木（街路樹）がつくられたことがイメージアップに大きな効果を発揮した。並木（街路樹）が持つ効果は多様であり，住民に対して潤いや癒しの効果を発揮すると共に，都市景観や都市のイメージ

形成に重要な役割を果たすこともある。たとえば，東京表参道の欅並木や絵画館前の銀杏並木，長野県飯田市のリンゴ並木，群馬県前橋市の欅並木等に代表される。国立市における並木（街路樹）は大学通りを中心に整備され，桜と銀杏を中心に松などが並列・混在する形で植樹されている。このように，複数の樹木による並木の形成は珍しく，道路の幅の広さがそれを可能にし，四季の変化に対応する効果を保持している。

　そして，一橋大学の校舎や国立駅舎のロマネスク風建築が，都市景観の醸成に洋風イメージや統一感をもたらした。とくに，「赤い屋根に白い壁」の国立駅舎は，ランドマークとして象徴性，記号性，場所性，視認性・認知性を発揮し[1]，人々のアイストップになり国立のシンボルとして欠かすことのできない存在となった。

　学園都市としての国立の景観形成に大きな効果を発揮したのは，「文教地区指定運動」であろう。1950（昭和25）年，朝鮮戦争の勃発に端を発し，日本は米軍の前線基地となった。国立に隣接する立川市には基地があり，その影響は国立にも及び学園都市のイメージが損なわれつつあった。こうした状況に対して，1951（昭和26）年に国立町浄化運動が開始されたのである。同年に東京都都市計画審議会において国立町の文教地区指定が可決，翌年に建設大臣から認可された。全国の市町村においては初めての指定となり，その後の学園都市国立の景観形成・保護に大きな意義をもたらしたものと言えよう。

　その後，国立マンション訴訟や国立駅舎解体・保存問題などの議論が交わされる中で，景観に関する意識の高まりや意思決定がなされ今日に至っている。国立市は景観条例等の法的整備を進め，各種の景観計画を策定，実行することにより積極的な景観形成を図ってきた。その意味において，国立は景観形成プロセスのモデル都市として位置づけることも可能である。

2. 国立市における景観形成の経緯[2]

(1) 都市プランの成立とランドマーク

　国立市は鉄道駅および前面に直線に延びる幅約 43m の大通りと東西に放射

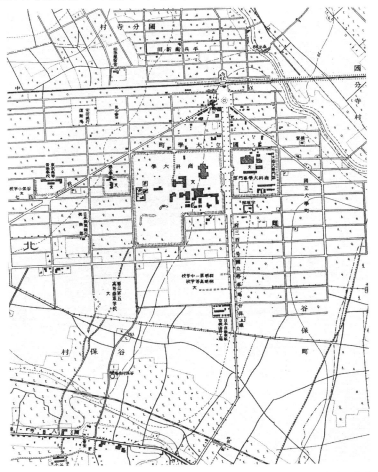

図 6-1　国立の都市プラン(『明治前期・昭和前期　東京都市地図 4　東京西部』柏書房，1996 年より転載)

写真 6-1　国立駅から見た大学通りの景観

写真 6-2　大学通りのパースペクティブ

状に延びる 2 本の街路を配し，北は国立駅を境に東西を東一条（條）から三条，西一条から七条，南北は第一線から第十九線（西側は第十八線）によって区画された（図 6-1）。計画当初から明確なグリッド・パターンを有していた。ちなみに大通りは幅約 43m で，道路整備後，桜や銀杏，松などの並木が道路沿いに列状に整備された。そして，駅の持つ正面性と大通りとの間には，遠近感の効果（パースペクティブ）と視野を遮ることのない直線的関係性が成立している（写真 6-1，写真 6-2）。

第 6 章　都市景観形成のプロセスとランドマークの機能　129

写真 6-3　大学通りの並木（街路樹）と歩道

　国立駅前の景観形成は並木（街路樹）の配置によるところが大きい。大学通りが国立の景観形成に果たした意味や効果は，並木（街路樹）の存在にあると言っても過言ではなく，道路幅の広さが幸いしたものといえよう（写真 6-3）。

(2) 学園都市構想

　東京都国立市は日本における学園都市開発の先進事例として知られ，良好な景観形成が図られた都市の一つである。その歴史は，箱根土地開発の堤康次郎によるハワード（Howord, E.）の「田園都市構想」の日本での実現に端を発する。良質な住宅地の提供と各種の学校の集積を果たすことにより計画が実行された。1923（大正 12）年の関東大震災後，箱根土地開発は国立学園都市建設を実行した。そして，大学を誘致することによる学園都市の形成は住宅地開発と相まって，良好な住環境に支えられた地域の創造と景観形成に配慮したまちづくりが導出できると考えたのである[3]。

　一橋大学の前身である東京商科大学は，1927（昭和 2）年に付属商学専門部と付属商業教員養成所が移転し，1930 年（同 5）年に本科の移転が行われた。同校のシンボルである兼松講堂は 1927 年に落成式と開館式が挙行された。キャンパス内に建設された兼松講堂，図書館，本館，東校舎などはロマネスク様式により建築され，設計者は築地本願寺の建築でも知られる東京帝国大学の伊藤

忠太であった。ロマネスク様式が取り入れられた背景は，ヨーロッパにおいて初めて大学が誕生した時代を反映しているとされる。半円アーチや重厚な壁体に特徴を持つロマネスク様式の建築は，国立駅舎のロマネスク風の窓との共通性を見いだすことができ，国立の景観に統一感やアクセントを与えている。

(3) 大学通りと景観形成の過程

　国立は当初，旧住民の居住する谷保地区と新住民が多く居住する国立地区（国立大学地区）により地域が二分されていた。とくに国立地区は大学を中心とした町づくりが行われたことにより，住民同志の連帯感が強かった。そして，大学町および関係者の親睦団体としての国立町会が 1928（昭和 3）年に創立された。その活動は冠婚葬祭や会員相互の親睦を図ることにあった。同会の活動は国立の景観形成の一端を担うことになった。すなわち，1933（昭和 8）年の皇太子（現：今上天皇）誕生を祝い同 9 年から翌年にかけて，大学通りの両側の緑地帯に桜の植樹を行い，桜並木を整備したのである。同会は親睦行事の一つとして観桜会を数回開催しており，並木の樹種として桜が選ばれた理由の一つとして挙げることができる。

　ちなみに，観桜会に選ばれた先が小金井であり，玉川上水の桜であった。田﨑宣義によると [4]「〔前略〕武蔵小金井駅がなかった関東大震災前までは，花見客は境か国分寺で下車し，玉川上水に向かった。震災後になって武蔵小金井駅ができたが，最初は花見シーズンだけ営業する臨時駅であった。〔中略〕この当時の桜には，駅を作らせるほどの集客力があったのである。その小金井桜にあやかろうというわけだ。」とし，単に皇太子の誕生奉祝や美観への配慮だけではなく，花見の集客を目的に植樹されたことを明らかにしている。

　なお，街路樹に銀杏が選ばれた背景は一橋大学と深く関わっていることが指摘されている。すなわち，一ツ橋時代に大学の象徴となった銀杏が，移転先の国立キャンパス内および大学通りにも植樹されたのである。植樹に際し，一部は大学の卒業記念事業の寄付金が使用された。ちなみに，国立の開発当初は雑木林と赤松が見られるにすぎず，桜や銀杏などの樹木は開発に伴う景観樹として位置づけられる。現在では大学通りにおいて各種イベントやクリスマスイル

写真6-4 大学通りの歩道橋

ミネーションなども季節行事として定着し，人々にとって様々な意味を含む空間へと昇華したのである。

なお，1969（昭和44）年に歩道橋を設置する議論が持ち上がった。交通量の増加に伴う安全対策の一環であった。大学通りは国立駅をアイストップとして，視野を遮ることのないパースペクティブ効果を保持している。そのため，美観上の問題と人間優先を主張する反対派と，通学児童の人命尊重の立場をとる賛成派の双方が市議会に対して誓願・陳情を行った。反対派の市民グループは環境権を主張し，東京都を相手に建設中止の訴訟を起こすまでに至った。結果としてスロープを併置するなど，歩行者の負担を軽減する形の歩道橋が翌年に完成した(写真6-4)。この歩道橋は直線区間における立体交差構造物であり，一面では大学通りにおけるビューポイントとして位置づけることもできる。

(4) 文教地区指定運動の経緯

1950（昭和25）年，朝鮮戦争が勃発し，日本は米軍の前線基地となった。国立に隣接する立川市には基地があり，多くの米兵が進駐し関連施設や店舗が林立していった。その影響は国立にも及び，学園都市のイメージが損なわれつつあった。こうした状況に対して，1951（昭和26）年に国立町浄化運動が開始されたのである。その運動は一般町民をはじめ，一橋大学，国立音楽大

写真 6-5　駅前広場と国立文教地区のプレート（左下）

学や各高校等の学生・生徒・教職員も加わり「文教地区指定」を目指すことになった。東京都は 1950（昭和 25）年に市街地における青少年の環境を守るために，東京都文教地区建築条例を公布した。同条例は文教地区における風俗営業取締法の適用建築の禁止やホテル・旅館建築の制限が盛り込まれ，都内では本郷の東京大学，早稲田の早稲田大学周辺など数カ所が文教地区となっていた。

しかし，文教地区指定を巡っては町を二分する議論となり，町議会においても請願決議が二転三転する結果となった。こうして 1951（昭和 26）年に東京都都市計画審議会において国立町の文教地区指定が可決，翌年に建設大臣から認可されたのである。全国の市町村においては初めての指定となり，その後の学園都市国立の景観形成・保護に大きな意義をもたらしたものと言えよう。駅前広場（ロータリー）内には，「国立文教地区 SPECIAL DISTRICT FOR EDUCATION」のプレートが設置され，学園都市としてのアイデンティティを表象するものとして位置づけることができる（写真 6-5）。文字通り国立が学園都市としての意味を確固たるものにした出来事であった。

(5) ランドマークとしての鉄道駅

日本の鉄道駅は，機能的には各種の目的を持った行動を支える拠点であり，

第6章　都市景観形成のプロセスとランドマークの機能　133

日々人々の集合離散が繰り返される。地域や都市における出入口（ゲート）として位置づけられる。また，鉄道駅（駅舎）は色や形，デザインの多様性により，ランドマークとしての機能を有するものが極めて多い。たとえば建築様式の違いは歴史的遺産や地域におけるシンボルとして位置づけられるものなど多様である。辰野金吾による東京駅の建築は，日本におけるエポック・メイキングなものとして数度の修復を経ながら丸の内のオフィス街と一体化してきた[5]。そして，皇居との位置関係を含め，東京の玄関として機能してきた。近年では，駅は建築技術の進歩や経済発展に伴い単なる乗降の場にとどまらず，宿泊施設や商業機能を含む複合的な機能を有する駅舎・高層ビル化するものも増えてきた。

　都市プランにおいては多くの場合，鉄道駅を中心に大通（駅前通り）が配され，駅を基点に方格状・放射状に支路が延びる街路形態が多い。すなわち，鉄道駅はゴレ（リ）ッジ（Golledge, R. G.）のいうアンカー・ポイントであり[6]，リンチ（Lynch, K.）の定義するノード，ランドマークでもある[7]。そして，景観的には駅からのビスタ(眺望)，ビューポイントの成立，周囲からのアイストップであり，駅は乗降の機能のみならず，見る・見られる存在として重要な意味（ミーニング）を含んでいる。それは，人々の空間認識・認知を支えるポイントとなり，空間的特異点として機能する。また，駅はわかりやすさ（レジビリティ（legibility））を意図するように建築され，地域のシンボル，地域アイデンティティを有する例も多い。すなわち，鉄道駅は人々の視線を集中させ，焦点化し，空間を構造化し，場所化する作用を促すための空間認知のエレメントとして機能し，景観構成要素であるランドマークの基本特性が反映される場として位置づけることができる。また，駅前空間は当該地域のゲートとしての機能や他の交通機関との接合部分として，またシンボルゾーンとしての機能を有することが多く，広場が形成されることも多い。駅舎と駅前広場が一体化することによって成立する場は，極めて重要な都市のイメージを醸成する場となり，都市の空間構造・地域構造における重要な交流空間，認知空間として位置づけることができる。

　国立駅は1926（大正15）年4月に開業した。箱根土地開発が建築し，鉄

道省に寄付した請願駅[8]である。駅舎の建設に際しては，単に乗降の場にとどまらず，外観に配慮することが記載された。国立駅舎は2006（平成18）年に国立市有形文化財に指定された後，JR中央線の連続立体交差事業（高架事業）により解体され，部材は別の場所に保管されている。現在，旧駅舎がどのように復元され，利活用が図られるのかは未確定であるが，地域アイデンティティを表象するランドマークのあり方が問われる事例となろう。

(6) 国立市における景観論争

国立市は1989（平成元）年に都市計画における用途地域の変更に際し，商業地の高度規制を撤廃し建築物の容積率を大幅に緩和した。そのため，高層建築の建設計画が次々に持ち上がり，その都度その是非を巡って議論が繰り返された。国立市は1998（平成10）年に都市景観形成条例を制定し，都市景観形成重点地区内の高さ20m以上（近隣商業地域および商業地域では31m以上）の建築物に対し，形状や色彩などを事前協議の対象と定めた。しかし，1999（平成11）年に計画された大規模マンション建設は事前協議を行う中で，行政・住民・建設業者との間で折り合いがつかず，多くの訴訟が起こされた。とくに，環境権や景観権に対する判断が司法の場で争われた点が注目を集め，全国的に

写真6-6　大学通りの景観と大規模マンション

景観論争が巻き起こった。結果として，大学通り周辺の住民には景観利益を有するものと認められるが，マンションの建築について違法建築物ではなく，高さの点を除けば建物の外観に周囲の景観との調和を乱すものとは認め難く，景観利益を違法に侵害するものではないとの判断が下された（写真 6-6）。

とは言え，景観利益が法的に認められたことは，今後の景観保護や景観政策に大きな影響を及ぼすことになり，国立市がその先鞭をつけたことは，これまでの良好な景観を維持・保護してきたことがその背景にあったものと考えられる。

3．都市景観形成条例とその効果

(1) 国立市都市景観形成基本計画

国立市は1995（平成 7）年に都市景観形成審議会を設け，都市景観形成に関する議論を開始し，1996（平成 8）年に「国立市都市景観形成基本計画」[9] を取りまとめ，大学通り地域および青柳崖線地域について，翌年に「都市景観形成上重要な地域における基本方針」[10] を定めた。とくに，大学通りに関しては文教都市としての国立市を代表する景観と位置づけ，多樹種からなる大学通りの並木や植栽を維持し，無秩序な駐輪駐車を改善し，街路灯やベンチなどの街路施設などを整え，景観資源としての大学通りを保全する必要性を強調している。同時に大学通りの景観は，一橋大学，国立高校などのキャンパス，店舗，オフィス，住宅，さらに駅舎や鉄道などの沿道の建築物や構造物，遠景となる建築物によって形成されているため，個々のデザインを生かしながら調和を図る必要性を指摘した。

そのために，大学通りを A 大学通り地区，B 大学通り沿道地区（商業・業務地区），C 大学通り沿道地区（学園・住宅地区）の 3 つに区分し，それぞれの特性に対応した景観整備を行おうとした。A 地区は高木や緑地帯を保全し，桜や銀杏のもたらす季節感，歩道にかかる緑のトンネルと街路灯が作り出す幻想的な夜景など，大学通りの持つ豊かな景観を最大限生かす。B 地区は沿道の建物と並木や緑地帯が一体となる景観を生かし，建物の個性やデザインを尊重

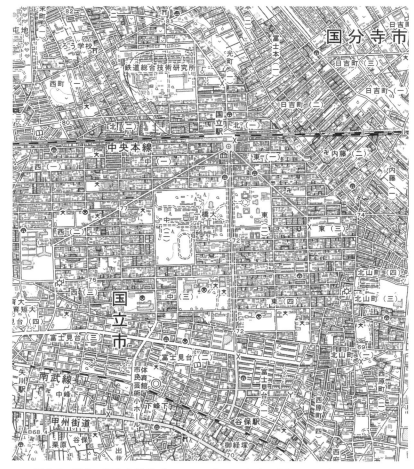

図 6-2　現在の国立市街地（2 万 5000 分の 1 地形図「立川」平成 30 年発行）

するとともに大学通りの景観との調和を図る。C 地区は大学や高校のキャンパスや沿道に低層住宅が建ち並ぶことから、学園キャンパスの植栽を保存し、建築物のデザインや色彩、高さを大学通りの景観と調和させ、歩道に面する部分は緑化に努めるなど、景観形成の基本指針が示された。

　その後、都市景観形成条例に基づき、2003（平成 15）年に重点地区を指定し、

重点地区景観形成計画として，方針（憲章）と基準（ルール）を明確にした。こうして，大学通り沿道において新たに建物を造る場合は，建築確認申請前に同市への届け出が必要になり景観保全への取り組みが明確化されている。

(2) 国立駅周辺まちづくり基本計画 [11)

　国立駅周辺は JR 中央線の高架化事業により，新たな景観形成の方向性を示す必要性が生じた。そのため，国立市は 2009（平成 21）年に「国立駅周辺まちづくり基本計画」を策定した。これは，国立市第四期基本構想（平成 18 年度）において，JR 中央線国立駅周辺は受け継がれてきた景観を保全し，鉄道の高架化を契機に南北の一体化，高架下の活用，駅周辺のまちづくりを図る目標が掲げられ，国立市都市計画マスタープラン（平成 15 年）[12) においても「都市拠点の形成」，「文教都市にふさわしい景観の形成」，「駅周辺での総合的な交通体系の整備」などが謳われたことを受け，新たな指針が示されたのである。

　まちづくりの目標は，①市民が集い，来訪者を迎え，にぎわいと交流のあるまちづくり，②人にやさしい，安全で安心な環境づくりや環境負荷低減のまちづくり，③駅周辺の景観とシンボルをいかしたまちづくり，④個性的なまちなみをいかした回遊性のあるまちづくり，⑤出会いと発見，文化を発信するまちづくりなどが掲げられた。国立駅およびその周辺の総合的まちづくりとして位置づけられる計画だが，景観への配慮が強く打ち出されている。旧国立駅舎に対しても復元を目指し，単にシンボル，文化財としてではなく，「まちづくりの駅」としての活用を示唆している（図 6-2）。

4. まとめ

　以上のように，国立市はヨーロッパの田園都市，学園都市の理念が導入された計画的都市として位置づけることができる。国立駅を中心としたシンボリックな街路による都市プランが生み出され，中心街路となった大学通りは並木（街路樹）が整備されることにより，四季の移ろいを示す緑地帯が形成された。学園都市のシンボルである一橋大学もキャンパス内の特徴的な校舎や植栽により

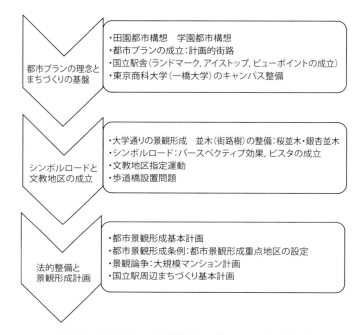

図 6-3　国立における景観形成のプロセス（津川原図）

景観形成の重要な要素となっている。

　このような景観形成は，先人達の思いが強く反映し，その時々の変化に対応した結果と考えることができる。箱根土地開発の堤康次郎の学園都市建設の構想と，東京商科大学（現：一橋大学）の佐野善作のキャンパス移転への情熱とまちづくりへの提言などが出発点となった。そして，緑豊かで自然環境に恵まれた良好な住宅地の形成が地域アイデンティティの醸成に結びつき，さらにプラスの相乗効果を発揮していったのである。そこには地理的慣性が作用し，景観保全・形成への意識がより高まったものと考えられる。

　しかし，良好な景観を脅かす事象として，基地問題から派生した環境悪化とそれに対処するための文教地区指定運動，大学通りにおける歩道橋問題やマンション建設問題，国立駅舎保存問題などが次々に発生し，その都度住民や行政による対応策が練られた。とくに住民の景観に対する意識は高く，新たな課題

に対し素早く住民組織が結成されるなどコミュニティ力の高さを示すものであった。すなわち，国立市における景観形成のプロセスは，計画的都市を基盤に景観形成が図られ，社会的な変化に対応しつつ，人々が意思決定を行ってきたことが明らかになった。そして，良好な都市環境および都市景観を醸成するために，多くの議論と努力が積み重ねられてきたのである（図6-3）。住民や自治体等に一貫していたのは，良好な景観を形成し，地域アイデンティティを守り育ててきた自負と次世代への継続を果たすための責任感であろう。その意味では，国立市は日本における景観形成・保全のモデル都市として位置づけることが可能であろう。とは言え，費用対効果等，理想と現実の狭間でのバランスを求められる可能性もある。たとえば，数kmに及ぶ街路樹の整備は，四季を問わず費用負担を伴うものであり，ランドマークとしての国立駅舎の復元・利活用も住民・行政のコンセンサスの上で実行される必要がある。今後も良好な都市環境および都市景観を醸成するために，多くの議論と弛まぬ努力を積み重ね，景観形成・保全のモデル都市・国立となることが望まれる。

[注]
1) 津川康雄『地域とランドマーク』古今書院，2003，全225頁.
2) ①国立市史編さん室『国立市史 下巻』国立市，1990，78～115頁. ②『くにたちの歴史』編さん専門委員会『くにたちの歴史』国立市，1995，155～171頁.
3) 松井晴子「箱根土地の大泉・小平・国立の郊外住宅地開発」山口 廣編『郊外住宅地の系譜 東京の田園ユートピア』所収，鹿島出版会，1987，221～236頁.
4) 田﨑宣義「一橋大学とイチョウ（その1～その4）」一橋植樹会（ホームページ掲載），2011.
5) ①林 章『東京駅はこうして誕生した』ウェッジ，2007，全279頁. ②野崎哲夫『進化する東京駅』成山堂書店，2012，全210頁.
6) Golledge, R. G. : "Learning about urban environments", in Carlstein, T., Parkes, D., and Thrift, N. eds., Timing Space and Spacing Time, vol.1, Edward Arnold, 1978, pp.78-80.
7) ①リンチ，丹下健三・富田玲子訳『都市のイメージ』岩波書店，1968，1～113頁. ②『くにたちの歴史』編さん専門委員会編『くにたちの歴史』国立市，1995，155～171頁.
8) くにたち図書館資料ボランティア編集「くにたちしらべ『国立駅舎』」国立中央図書館，2008.

9）国立市「国立市都市景観形成基本計画」，1996.

10）国立市「国立市都市景観形成基本計画－都市景観形成上重要な地域における基本方針－（1997年度)」，1998.

11）国立市「国立駅周辺まちづくり基本計画」，2010.

12）国立市「国立市都市計画マスタープラン　改訂版」，2011.

第7章　ランドサインとランドマークの関係

1. ランドサインとは何か

　ランドマークの定義は，狭義には陸地の目印，陸標，土地の境界標ということになる。しかし，広義にとらえると地理的空間における景観要素の一つであり，人間の行動を支え，地域のシンボルになるなど多岐に及ぶ特性が存在する。

　ランドマークにおける空間的認知対象の一つにランドサインがある。ここではランドサインを地理的空間におけるサインやシンボルとして，都市や地域アイデンティティやレジビリティ（legibility：わかりやすさ）を高める存在と考える。また，都市や地域における装飾，地理的空間の演出，人間のアイストップ・焦点として人々に特別な感覚・感情を喚起する対象である。言い換えれば，ランドサインは地表面における何らかの記号・サイン（文字・図・ピクトグラム）であり，時間の経過に伴いアイデンティティを高め，存在感ある認知・認識対象として捉えられる。

　地理的空間においては標識や看板が，案内・誘導・記名・制御・広告などの情報を伝え，その媒体がサインとして位置づけられている。ランドサインは基本的にサインの特性を有する。しかし，単なるサインではなく，空間的特異点としてのミーニング meaning（意味）や地域アイデンティティの醸成を伴って成立するものである。ランドサインは地域や都市のイメージを形成するシンボルであると同時に，直接・間接に人々の感性を刺激し，地域活性化を促す存在である。そして，地域や都市におけるランドサインの成立に地域アイデンティティの醸成が密接に関わり，住民のコンセンサスを基盤とし，各種イベントに

よる相乗効果よって確固たる認識対象となっていく過程を，兵庫県神戸市と新温泉町の事例から明らかにする。

　事例として取り上げた神戸市は，港に関連するイメージが 3 つのランドサインに反映され，新温泉町（兵庫県）においては新たに付加されたイメージがランドサインの成立に結びついている。

2. ランドサインの事例

(1) 諸外国の事例

　ランドサインの事例は数多くある（表 7-1）。たとえば，1994 年に世界遺産に登録された南米ペルーの「ナスカの地上絵」がその代表例である[1]。地上に数十に及ぶ動植物の絵が描かれてはいるが，地上では全体を認識することが難しかったため，20 世紀になり上空を飛ぶ飛行機によって，その存在が確認さ

表 7-1　ランドサインの事例

	地域・地区	地　方	国　家	世　界
図・絵画		五山送り火（船形・鳥居形） （京都，大文字…各地）	ナスカ地上絵（ペルー） （世界遺産）	
	カントリーサイン（北海道）		ラシュモア山（USA） （大統領の壁像）	
	市章山電飾・錨山電飾・山麓電飾（堂徳山）			
	銭形（香川県観音寺市）			
記号・文字			ハリウッドサイン（USA） （HOLLYWOOD）	
			BRAȘOV（ブラショフ）（ルーマニア）	
	五山送り火（大・妙法） （京都，大文字…各地）			
	山麓電飾（堂徳山）			
	大（妙義神社）　夢（兵庫県新温泉町） 大小（栃木県足利市） 火の用心（広島県呉市郷原町）			

（津川作成）

第 7 章　ランドサインとランドマークの関係　143

写真 7-1　ハリウッドサイン（アメリカ合衆国ロサンゼルス）（絵葉書より）I.D.Gear Inc.

れるようになった。描画の目的は天体観測説，宗教儀式説など諸説あり，何らかのメッセージがそこに込められており，文化遺産として位置づけられ，ナスカ文化の象徴となっている。

　アメリカ合衆国のロサンゼルスには，ハリウッドサインがある。1923 年に名も知られていなかった当地の宅地開発を宣伝するために，標高 1,640 フィートのリー山頂上付近に「HOLLYWOOD LAND.」の看板が設けられた。その後，1949 年に「LAND.」の部分が崩壊し撤去された。1970 年代に入ると「HOLLYWOOD」の部分も老朽化したため，サインすべての文字が再建されることになったが，資金不足で思うように進まなかった。しかし，ロサンゼルスのシンボルとして，また，映画産業のメッカであるハリウッドの象徴としての意味を強く持つこのサインは，新聞社，出版社，映画スター，歌手などが一文字ずつスポンサーとなることによって 1978 年に再建された[2]。看板に標示された文字と地名によって地域のシンボルとなったランドサインの代表例である。現在，その管理はロサンゼルス市とハリウッドサイン・トラストが行っている（写真 7-1）。

　アメリカ合衆国のサウスダコタ州西部のブラックヒルのラシュモア山に歴代大統領のワシントン，ジェファーソン，ルーズベルト，リンカーンの像が彫られている[3]。彫刻としての意味が強く，ランドサインと言うよりはランドマークに近い存在かもしれない。しかし，彫刻対象として選ばれた人物のアメリカ

写真 7-2　ブラショフサイン（ルーマニア）

合衆国における意味が，ラシュモア山を観光地化するきっかけとなった。この地域アイデンティティを創出するプロセスにランドサインの本質が読み取れる。

　ルーマニアのほぼ中央に位置するブラショフは，トランシルヴァニア地方の中心都市である。古い町並みが残り，町を見下ろす位置にあるトゥンパ山はランドマーク・マウンテンであり，山頂へはケーブルカーが通じている。山頂付近に BRAŞOV のサインが設置されている（写真 7-2）。

(2) 日本の事例

a. 送り火

　京都の夏の風物詩として「五山送り火」がある。通称，「大文字焼き」であるが，東山如意ケ嶽の「大文字」とともに，松ヶ崎西山・東山の「妙・法」，西賀茂船山「船形」，衣笠大北山「左大文字」，嵯峨鳥居本曼荼羅山「鳥居形」の五山送り火として名高い[4]（写真 7-3）。

　その起源は諸説あるが，8月16日の夜，精霊送りとして挙行される。宗教的行事でありながら，毎年多くの観光客を集め，京都の保有する地域イメージが全国に発信される。そこにランドサインのメッセージ性が確認できる。この「五山送り火」と同様の行事は，全国各地に見出せる[5]。文字を夜間に発光させることにより，人々の注意を喚起し，アイストップとして記憶や感性に訴えかけ

写真 7-3　大文字（京都・東山如意ヶ嶽，2004 年撮影）

ている。なお，群馬県富岡市の大島地区では，祖霊信仰の一形態として 8 月 16 日に火祭りが催され，住民が城山の北面に百八燈点火用具を持ち寄り，その年にちなんだ願い事を表す文字を決めて火文字を形づくっている[6]。これらは，単なるサインの機能を超えた地理的空間におけるランドサインといえよう。

b．観音寺の銭形

　香川県観音寺市に「寛永通宝」を砂で形どった銭形がある。東西 122m，南北 90m，深さ（平均）1.5m，周囲 345m の砂絵で，1633（寛永 10）年，丸亀領主生駒高俊を歓迎するために村人達によって作られたと伝えられている。他説は江戸末期の 1855 年頃，幕府が諸藩に沿岸警備の強化を命じたのを受け，丸亀藩は荘内と有明浜の 2 カ所に砲台を築造することになり，京極朗徹が来訪した際に普請奉行が藩主の一興に供するために掘らせたというものである。いずれにしても築造目的・時期は確たる資料がなく不明のままとなっている[7]。

　当地は 1936（昭和 11）年に内務省より琴弾公園名勝地の指定を受け，1954（昭和 29）年にドライブウェイと山上展望台が完成し，銭形を中心とした観光地形成が図られた。現在では夜間のライトアップも行われ，昼夜を問わずランドサイン化されている。年 2 回実施される銭形の修復作業には多数の市民が参加する。また市の紋章として用いられるなど，観音寺市のシンボル，観光要素

写真 7-4　銭形（香川県観音寺市）

として位置づけられている（写真 7-4）。

c．妙義神社の「大」文字

　群馬県富岡市（旧：妙義町）の妙義神社は妙義山系の白雲山東山腹に位置し，祭神は日本武尊・菅原道真・藤原長親などであるが，これらの祭神は後世のもので，元来は当山の地主神である波己曽神，後に白雲・金洞・金鶏の妙義三山の神を合祀したと考えられている。この白雲山の一角に「大」の字が形どられ，遠くから認識できる。江戸時代に建立され，建立時は藁束を糸で巻き，紙束をつけた竹串を藁に刺したものだったが，現在では金属製となっている。これは妙義大権現の「大」を表徴したものであり，白雲山を信仰の対象とするための目印として位置づけられ，中山道を行き交う人々や安中宿，松井田宿から拝むことができた[8]。この文字は高さ，幅ともに約 5m あり，現在でも妙義神社のランドサインの機能を果たしている（写真 7-5）。

d．大小山

　栃木県足利市の大小山の山頂付近の崖に「大」「小」の白い文字板が設置されている。これは，大小山山麓の阿夫利神社にまつられている「大天狗」「子天狗」に因む。江戸末期に，無病息災を祈願する住民の手により掲げられた。

写真 7-5 「大」文字（群馬県富岡市・旧：妙義町）

写真 7-6 大小山（栃木県足利市）

これまでに何度か付け替えられたが，現在ではステンレス製の文字板となっている（写真 7-6）。

　以上のように，ランドサインの例は世界や日本各地に見出せる[9]。それらは，サインのもつ基本特性としての視認性に支えられた対象である。記号・サイン（文字・図・ピクトグラム）を通じて，空間的特異点としてのミーニングや地域アイデンティティの醸成に伴って成立するアイストップとして機能していることが明らかとなった。すなわち，ランドサインは人々の視覚に何らかの意図

をもって訴えかける存在であり，空間的特異点として捉えることができる。

3. ランドサイン成立の経緯

(1) 神戸市におけるランドサイン

　港湾都市神戸は，明治期の近代的築港事業以来，港の景観や機能と人々の生活を密接に関連させ，地域アイデンティティを醸成してきた。現在，市街地の背後に位置する六甲山系の錨山，市章山，堂徳山の斜面にピクトグラム，記号，絵，文字といった多種類のランドサインが確認できる[10]。これらのランドサインは，明治以降，現在に至るまでライトアップや電飾により，神戸市のシンボルとして位置づけられてきた（図7-1）。

a. 錨山

　1903（明治36）年4月，神戸沖で天皇陛下を招き観艦式が行われた。海上には70余隻の軍艦が隊列をなし，市内各所では様々な式典が催された。市内各学校長は奉迎のため生徒に美濃紙で国旗を作らせ，縦横60間（約109m）の大錨形につなぎとめたものを諏訪山背後の山に設置し歓迎の意を表した。これを記念して坪野平太郎・神戸市長は，錨の紙あとに松の植樹で錨を形づくり，錨山と名付けた。山名とランドサインの一体化で場としてのミーニングが育まれ，地域アイデンティティがより一層明確化された。1966（昭和41）年，植樹された松が松食い虫の被害などにより，「錨」の形が不鮮明になったため，新たに標高210～260mの南斜面に約3,500本のウバメガシによる錨が形成された。また，電飾の装置が1981（昭和56）年に開催された神戸ポートピア博覧会を機に設置された。それまで昼間のランドサインとして認識されてきた「錨形」は，電飾によって夜間のアイストップとしての機能も付加された（写真7-7）。その電源の一部を賄うために，冬季の六甲おろしなどを利用した風力発電や太陽光発電の設備も設けられている（写真7-8）。阪神淡路大震災時にはライフラインが途絶える中で電飾は輝き，市民にとって復興への希望の光となった。

第 7 章　ランドサインとランドマークの関係　149

図 7-1　神戸市街地とランドサイン（2 万 5000 分の 1 地形図「神戸首部」平成 27 年発行に一部加筆）

　錨山では，2002（平成 14）年に六甲山緑化 100 周年を記念し，神戸市民にとって特別な日を白熱灯の電飾から新たに設置した青色灯により青色点灯を行っている。青色灯のマリンブルーは「青い海」を表象している。電飾の色を変化させることにより，日常と非日常が区別され，演出効果を高めている。このよう

写真 7-7　ランドサイン「錨山」（2004 年）　　　　写真 7-8　風力発電設備

に，神戸市では港神戸のイメージ「錨」をモチーフにランドサインが形づくられ，度重なるイベントや記念行事を通じて，人々の認知度が高められていった。

b．市章山

　神戸市の市徽章（以下，市章）の制定は，1907（明治40）年5月である。その前年，神戸市は市章を制定するために，その図案を懸賞募集した。しかし，公募では適当なものがなく，選定は市長に一任された。その後の詳細な経緯は不明である。神戸は当時の仮名遣いで「カウベ」と書かれ，市章は「カ」の字を図案化したものであり，扇港と呼ばれた兵庫港と神戸港の2つの扇が重なるように考えられたとされる。

　1907（明治40）年9月の神戸港起工式を記念して，市内の小学校は先の錨山の東に位置する山に，市章の形の植林を行い紙旗を飾り付けた。これを契機に一帯が「徽章山」と称され，第2のランドサインが成立した。その後「徽章山」は「市章山」と呼ばれるようになった。市章のランドサインも山名と一体化し，人々の空間認識やレジビリティを高めたと考えられる。1933（昭和8）年の第

第 7 章　ランドサインとランドマークの関係　151

写真 7-9　神戸港より「錨山」・「市章山」サインを望む

写真 7-10　ランドサイン「山麓電飾（堂徳山）」(2004 年)

1 回「みなとの祭り」から戦中・戦後の数年間を除いて，この市章には祭りの前後約 1 週間仮電柱を立て，電飾が施された。その後，1981（昭和 56）年 3 月に，神戸ポートピア博覧会を記念し，錨形と共に風力・太陽光発電による恒久的な電飾設備が設けられた。

　市章の制定は，地域イメージをサイン化する代表例である。全国各地にその例を見出せるが，神戸のようにランドサイン化されたものは少ない（写真 7-9）。

152

表7-2　錨山・市章山・山麓電飾の沿革と概要

錨山電飾	
明治36年（1903）	「明治天皇臨幸の観艦式を記念」して旗で錨を形づくり歓迎．その後，錨形に松を植樹．
昭和41年（1966）	1,235m^2 にウバメガシ3,600本を植樹．
昭和56年（1981）	「神戸ポートアイランド博覧会（ポートピア）協賛事業」として永久電飾を行う．
	市章山・錨山電飾設備の電力をまかなうために風力発電および太陽電池発電設備を設ける．
平成14年（2002）	「六甲山緑化100周年」を記念し，神戸市民にとって特別な日に青色灯を点灯するための設備を設ける．
市章山電飾	
明治40年（1907）	「神戸港築港竣工記念」として，市章の形に松を植樹．
昭和8年（1933）	市章山に「第1回みなとの祭」を記念して仮設電飾を行う（仮電柱を立てて裸電球により電飾）．以後，戦中戦後の数年間を除いて祭りの際に点灯．
昭和34年（1959）	「市制70周年記念」として600m^2 にウバメガシ630本を植樹．
昭和42年（1967）	「神戸開港100周年」として永久電飾を行う．
昭和56年（1981）	市章山・錨山電飾設備の電力をまかなうために，風力発電および太陽電池発電設備を設ける．
山麓電飾（堂徳山）	
（沿革）	「市制100周年」を記念して，フェスピック神戸大会を機に点灯．
平成元年（1989）	夜景を充実させ，神戸のイメージアップを図る．
（概要）	中央区港地方堂徳山（標高270m）
設置場所	当初『KOBE100』→『KOBE2004（西暦）』
デザイン	『北前船（正面）』『北前船（側面）』
	3つのデザインは，東遊園地に設置されている遠隔操作盤によって切り替えられている．
設置方法	ワイヤーストラクチャー方式（樹林の中に鋼管柱23本）を立て，柱頭部にワイヤーを張り灯具を取り付けてある．東西約40m，南北約50m．

資料：神戸市建設局公園砂防部森林整備事務所提供ほかによる．
現在，神戸市は3つの電飾を「山麓電飾」と総称している．

c．堂徳山（山麓電飾）

　1989（平成元）年に神戸市は市制百周年を迎え，堂徳山に第3の電飾が記念に設置された．デザインはアルファベットで当初は「KOBE100」，その後「KOBE（西暦）」へと変更され，神戸港の発展に貢献した「北前船（正面）」「北前船（側面）」

をモチーフとした。北前船は兵庫の津を拠点に富を得た北風家や高田屋嘉兵衛などが，私財を投じて兵庫の津の振興に力をつくし，今日の神戸港発展の礎を築いたことに因んでいる。標示される 3 つのデザインは遠隔操作盤（市内東遊園地）により切り替えられ，一定時間（20 分ごと）内にそれぞれが点灯される。事業費は約 2 億円でフェスピック神戸大会を記念して点灯された。設置場所が国有地であり，大規模な地形の改変等が許されない。そのため，樹林の中にワイヤーストラクチャー方式で灯具が取り付けられ，樹林の損傷を少なくする配慮が施されている。寸法は東西約 40m，南北約 50m で，20W 白熱灯が 450 取り付けられ，一種の電光掲示板が作られ，夜間の視認性を高める。このランドサインは技術発達に支えられた部分が大きい。すなわち，夜間に何種類ものサインを描き出し，西暦標示も容易に行える（写真 7-10）。

　以上のように，六甲山に設置された 3 つのランドサインは，神戸の歴史的・地域アイデンティティを醸成し，各種イベントや記念事業，科学技術の発達，人々の知恵や努力により支えられてきた。夜間の電飾は神戸港に入港する船舶の航行目標となっている。もちろん，神戸市の地理的環境がランドサインの成立に大きく影響した。市街地の背後に東西に細長く広がる六甲山の斜面は，ランドサインを標示するスクリーンとなっている。また，六甲山から吹き下ろす風も発電エネルギー源として利用され，電飾に寄与する。長い時間が経過する中で，様々な自然的・人為的条件に支えられながらその存在感を増し，神戸市にとってかけがえのないランドサインとなっている（表 7-2）。

(2) 兵庫県新温泉町におけるランドサイン

　兵庫県美方郡新温泉町は湯村温泉を中心に発達し，春来川沿いの泉源荒湯を核に温泉街を形成する。古い歴史をもつ湯村温泉に，1981（昭和 56）年以降，新たなイメージが付加された。それは，湯村温泉を舞台にテレビドラマ化された早坂 暁原作の「夢千代日記」に端を発する。翌年には「続夢千代日記」が制作され，その後も舞台などで演じられ，湯村温泉の名は一躍有名になった。しかし，バブル経済崩壊後の山間の静かな温泉地は，他の温泉観光地と同様に，観光客・温泉客の減少に悩み，地域活性化を模索することになった。

a. 地域間交流支援事業

　但馬地区では，温泉町（現：新温泉町）を中心に平成13年度から平成15年度にかけて地域間交流支援事業が実施された。事業項目は，1. 地域間交流推進プログラム策定（調査事業），2. 湯村温泉ライトアップ整備事業（ハード事業），3. まちづくりフォーラムの開催（ソフト事業）で，その中核事業が湯村温泉のライトアップ事業であった。これにより，春来川河岸には集客基盤として夜間景観の核と回遊路が創出され，清正公園に光のランドサイン（ランドマーク）が設置された（図7-2，表7-3）[11]。

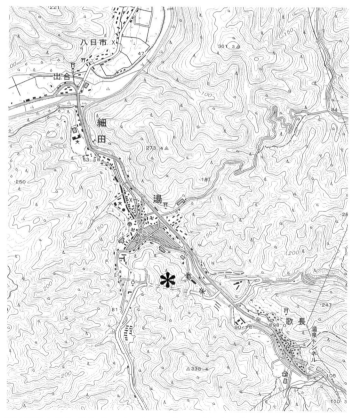

図7-2　湯村温泉とランドサイン（2万5000分の1地形図「湯」平成18年発行に一部加筆）

表7-3 「夢」サインの沿革と概要

平成13年（2001） ～平成15年（2003） （概要）	地域間交流支援事業（但馬地区） ・地域間交流推進プログラム策定事業（調査事業） ・湯村温泉ライトアップ整備事業（ハード事業） ・まちづくりフォーラム開催（ソフト事業）
	「夢」文字の決定←「夢千代日記（早坂暁著）」
	「夢」文字の選定←藤原行成（平安時代）の書
	設置場所…清正公園
	方式…光ファイバーを用いた照明

資料：地域間交流推進プログラム策定業務（温泉町）（平成14年）等による．

b. ランドサイン

ランドサインの決定は，地域アイデンティティを表象・表徴するものが求められた．その結果，町の象徴として「夢」文字が選定されている．その背景には「夢千代日記」の存在があり，文字のもつイメージを活かした町のコンセプトが決定された．文字の選定に続く，文字のデザイン選定では，平安時代の三蹟の一人，藤原行成が「粘葉本和漢朗詠集」の中に残した「夢」文字が選ばれた．また，ランドサインの設置場所は湯村温泉を見渡せる清正公園の一角が選ばれ，照明デザ

写真7-11　ランドサイン「夢」（2004年）

イナーの石井幹子の手で完成された．技術的には光ファイバーで色彩を変化させ，四季の移り変わりを表現している（写真7-11）．これは，町のイメージアップの中核にランドサインを用いた例として位置づけられる．

このように，兵庫県神戸市や新温泉町に認められるランドサインは，地域イメージや地域アイデンティティに基づくアイストップであることが明らかになった．また，これらは夜間にライトアップ，電飾などで発光する特徴を持つ．ランドサインは夜間におけるライトアップやイルミネーションによって，象徴

的なアイストップや装飾としての意味を持つものが多い。

（3）ランドサインの成立過程

これまで述べてきたように，ランドサインは地理的空間と地理的諸要素の関係から，いくつかのプロセスを経て形成されることが明らかとなった。その過程は主として2つに大別される。その1つは，地理的空間におけるシーズ seeds（種）が地域イメージや地域アイデンティティを確立し，そこにミーニングを創出・現出している。それは，サインやシンボルへと転化・変換され，目に見える形でランドサイン化され，レジビリティやアメニティの対象として認識されるに至る。この例としては，神戸市における3つのランドサインや，新温泉町の「夢」サインが該当する。言い換えればランドサインの成立が，かなり意図的なものとして捉えることができる。

第2は地理的空間において，当初サインとして意図的に構築・形成されたものであった対象が，明確なサインやシンボルとして認知・認識されるに至り，ひいては地域イメージや地域アイデンティティを創出・現出し，ミーニングを包含することにより，さらなるイメージの醸成が図られ，ランドサインとしての意味が付加されるタイプである。この例はアメリカ合衆国のハリウッドサインに代表される。すなわち，当初宣伝用のサインとして作られた看板が，地域イメージを表象するランドサインへと転化した点にその意味を見出すことができる。

このように，ランドサインの成立過程は，意図的に形成されるものと，結果としてランドサイン化されるものとに大別される。ランドサインとして認識されたものは，ミーニングに支えられ，レジビリティやアメニティを高める対象として位置づけられる。そして，歴史的慣性・地理的特性に育まれ，より強い地域イメージ，地域アイデンティティを内包するものへと転換されていく。いずれにしても，ランドサインはその成立過程から，大半が人為的操作により生み出されたものと言えよう[12]。

4. まとめ

　ランドマークの概念に包含されるランドサインは，ランドマークの諸特性である象徴性，記号性，場所性，視認性・認知性を有する。とくに強調すべき点は人々のアイストップとして，視認性の良い立地点が求められてきたことである。すなわち，ランドサインのもつ基本特性は，視線を集中させ，焦点を形成し，空間を構造化し，場所化する空間認知のエレメントである。

　ランドサインが成立する過程は，意図的なものが多い。時間の経過とともに結果としてランドサイン化されるものもある。その成立過程には，地域アイデンティティの形成・醸成とそれを支えた人々の知恵・発想・努力の存在が欠かせない。ランドサインは地域アイデンティティや地域イメージの確立なしに具現化されることはほとんどない。言い換えれば，地域アイデンティティの視覚化に伴って生み出されるランドサインは当該地域住民や多くの人々に共感を持って受け入れられ，人々に違和感なく受け入れられる対象である。それはランドサインのデザインに反映されてきた。すなわち，ランドサインの基本特性は，ランドマークに包含される概念・要素である。しかし，それは視覚対象としてそのサインを発信し，視覚対象者にそのミーニングをアピールする明確な主体性をもつ点にあるものと言えよう。

　本章において取り上げたランドサインの中で，神戸市における3つのランドサインは明治以降，記念行事やイベントの開催によって成立した。新温泉町においては，まちづくりの一環としてランドサインのもつ基本特性が具現化されている。アイデアの具現化および地域アイデンティティの視覚化を促した人々の知恵と熱意が結実したものと言えよう。ランドサインの形成過程には技術発達が深く関わり，維持・管理には多額の費用がかかるため，人々のコンセンサスが得られる必要もある。

　地域アイデンティティはソフト・ハードの両面から築きあげられるものであり，地域性の表象でもある。そこでは時間と空間の推移の中で地域イメージが形成・醸成され，イメージを支えるシンボルやランドサインが成立することも

多い．地域づくりの一端としてランドマークやランドサインが果たす役割は大きい．それは，ランドサインが当該住民や来訪（街）者にとって，地域や都市を認識するための重要なアイストップとなることに他ならない．今後，新たなランドサインが様々な地域で創出されることになろう．地域イメージや地域アイデンティティに支えられ，人々の知恵と努力によって具現化され，地域景観を形成する一要素として，ランドサインは重要な役割を果たすことが考えられる．

[注]
1) インターナショナル・ワークス編『世界遺産地図』幻冬舎，2003，14〜15頁．
2) 常盤新平他『アメリカ情報コレクション』講談社，1986，314〜317頁．
3) 吉田隆志『アメリカ中西部』グラフィック社，1992，94〜95頁．
4) 正井泰夫監修『歴史で読み解く 図説 京都の地理』青春出版社，2003，88〜89頁．
5) 大館市（秋田県），佐野市（栃木県），箱根町（神奈川県），一宮市（山梨県），三島市（静岡県），福知山市（京都府），奈良市（奈良県），中村市（高知県），大野城市（福岡県）などで行われている．
6) 都丸十九一監修『群馬の祭りと年中行事』上毛新聞社，1995，146頁．
7) 観音寺市誌増補改訂版編集委員会『観音寺市誌（通史編）』観音寺市，1985，407〜408頁．
8) ①群馬県高等学校教育研究歴史部会編『群馬県の歴史散歩』山川出版社，1990，181〜182頁．②妙義町誌編纂委員会編『妙義町誌（下）』妙義町，1993，50〜71頁．
9) その他，自然的ランドサインとして，日本では雪解け時に山に現れる雪形を挙げることができる．その形は動物などに見立てられ，耕作時期の判断材料になるなど地域の人々にとっての認識対象となっている．
10) ①神戸市立図書館「神戸の本棚－神戸ふるさと文庫だより－」第40号，2002．②神戸市編『神戸市史 第三集 社会・文化編』神戸市，1965，308頁．③道谷卓『新・中央区歴史物語』中央区役所，1996，81頁．
11) 温泉町「平成13年度地域間交流支援事業 地域間交流推進プログラム策定業務報告書」，2002．
12) 地元住民や来街者がランドサインを，いかに認識しているのかについての調査はほとんど認められない．しかし，長期間多くの人々に認知され，新聞紙上などでも好意的に取り上げられている点に，ランドサインの潜在力を見出すことができる．

第8章　ランドマークとパースペクティブ効果

1. パースペクティブ効果とランドマーク

　ランドマークは地理的空間における景観や風景要素の一つであり，人間の行動を支え，地域のシンボルになるなど多岐に及ぶ特性を有している。また，景観形成および空間の構造化に大きな影響を及ぼしている。人々は無意識もしくは意識的にランドマークをアイストップとして認識し，都市プラン等を作り上げてきた[1]。とくに一点透視的な構図はパースペクティブ（遠近感）効果が強調され，ビスタ・アイストップ型の印象的な景観が生み出されてきた。たとえば，フランスのパリではオベリスクの置かれたコンコルド広場からシャンゼリゼ通りを基軸に視線が両側の並木により遠近感を伴った形で誘導され，その先の凱旋門がアイストップとなり視点・視線が収束する。シャンゼリゼ通りはパリの都市軸として機能し，シンボリックな景観が形成されている。イギリスのロンドンでは，バッキンガム宮殿とトラファルガー広場を結ぶザ・マル（The mall）も同様の効果をもたらしている。

　すなわち，中心線となる道路や街路とその先にアイストップとしての各種ランドマークが配置され，視線の誘導や空間の分節化に果たす並木や統一感のある建物，ファサードなどにより調和のとれたビスタが形成される。この構図は左右対称による安定感，調和，秩序などの視覚効果がもたらされる。一面では形式美が強調され，表層的な景観として評価されることもあるが，シンボリックな構図として各地にその事例を見いだすことができる。

　一点透視的な構図によるビスタ・アイストップ型の景観形成は，意図的に生

み出されることが多い。とくに公園の設計や都市計画では幾何学的に通路・道路・街路が配置され，秩序ある空間が形成される。本章においては，景観および空間の構造化に果たすランドマークの役割について，一点透視的な構図に認められるパースペクティブ（遠近感）効果に着目し，その構図の特性や意味（meaning：ミーニング）を把握したものである。とくに，アイストップとなるランドマークの事例を読み解くことにより，共通性やその効果を把握することとした。

2. 景観形成と視点

（1）ビスタ・アイストップ型の景観

　景観形成に際し，人々の視線を操作し秩序ある安定した構図を生み出すことは都市デザインや空間デザインに携わる者にとって重要な意味をもっている。とくに都市計画における道路建設や公園づくりにおいては，調和がとれ景観に配慮したビスタの形成が常に求められるものといえよう。すなわち，視点の存在する空間である視点場にとって，そこに存在する要素の配置を工夫することにより，視線を限定し方向性をもたらすことが可能になる[2]。

　たとえば，姫路は世界遺産の姫路城を中心とする城下町であるが，鉄道駅である姫路駅から北に位置する姫路城に向かう道路整備が行われ，アイストップとなる城に向かって大通りが視線軸となり，両側の街路樹により視線を誘導している（写真 8-1）。このようなランドマークとシンボルロードによるビスタ・アイストップ型の景観は，印象的で明瞭な都市軸となり都市の顔となる景観を創出することも多い。また，パースペクティブ（遠近感）効果は視点場を明確化し，整然とした並木や建物の配置により，景観構図に奥行感を演出することができる。とくに，列状の並木や樹木は道路や歩道などの空間を分節する効果や四季の変化を反映する視覚効果をもたらすものとして多用されている。

　視点の先に位置するアイストップとしてのランドマークは，自然的要素や人文的要素が用いられることが多い。自然的要素の例は富士山に代表され，シンボリックな存在として江戸時代の浮世絵などに描かれている。均整のとれた富

第 8 章 ランドマークとパースペクティブ効果　161

写真 8-1　姫路駅から姫路城を望む

写真 8-2　エドゥアルドⅦ世公園からテージョ川を望む（リスボン）

士山を中心に据え，"山アテ"としての効果を取り込むことで印象的な構図が成立する。その他，空間的認識ポイントや信仰対象など重要な意味（ミーニング）を有するランドマーク・マウンテンがその例となる[3]。

　人文的要素のアイストップには，歴史的建造物・建築物，記念碑，駅舎などミーニング（意味）を有するものが選ばれている。ポルトガルのリスボンにおいては，坂や斜面の多い市街地の空間にその特徴を見出すことができる。エドゥアルドⅦ世公園からテージョ川に至る空間はその代表例である。幾何学的な植

栽を配置した公園の先にポンバル侯爵の銅像と円柱の台座が配されアイストップとなっている。このマルケス・デ・ポンバル広場は道路のランドアバウトになっており，銅像と一体化した空間認識ポイントとなっている。その延長線上にはリスボン中心部を代表するリベルダーデ大通りが位置し，続いてテージョ川へと繋がっている。この一連のビスタは，単調になりがちな一点透視的な構図にアイストップとなる銅像をアクセントとして加え，伸びやかで調和のとれたビスタを生み出しているものといえよう（写真8-2）。

（2）一点透視的な構図とその類型

　このように，ビスタ・アイストップ型の景観は一点透視的な構図にランドマークが焦点として位置づけられ，パースペクティブ効果を発揮することにより印象的にビスタを形成することができる。その場合，中心線ないしは中心軸となる街路や通路は直線が基本であり，自然界では幾何学的直線を見出すことはほとんどない。したがって，意図的・計画的にデザインされることが多くなる。また，一点透視的な構図を現実の景観形成に反映させる場合，視線軸を中心にシンメトリカル（左右対照的）に両側の修景を整える例が多い。なお，視点の角度によって水平，水平－上方，下方，複合－双方向などの方向性を分類することができる。すなわち，人々の視線がそれぞれ水平位置を見通すタイプ，水平から上方へ導かれるタイプ，下方への見通しが促されるタイプが分類され，また，複合的に組み合わさるタイプや双方向にビスタ・アイストップ型の景観が成立する例も確認できる。

3. ビスタ・アイストップ型ランドマークの事例

（1）水平視線型

a. 広島平和記念公園

　広島の戦災復興計画は都市計画道路，大小の公園，緑地や1,322.55haに及ぶ土地区画整理事業が実施された。特に，2本の100m道路と70haあまりの中央公園（後に平和記念公園と改称される中島公園を含む計画）の建設は，平和都

市広島のシンボルとして位置づけられた[4]。

　平和記念公園は1949（昭和24）年に公布された「広島平和記念都市建設法」に基づいて建設された諸施設の建設に際し，広島市主催のコンペ（競技設計）において一等に入選したのが丹下健三のチームであった。コンペのプログラムは，原爆資料館，集会広場，公会堂，公園などの諸施設を市の中央部を占める三角州の中に造ることであった。後に丹下は次のように建設のいきさつを述べている[5]。

　「百メートル道路を南端にして，そこから北に向けて立ち上がっているほぼ二等辺の三角形の地が中ノ島公園である。〔中略〕この頂点よりやや東寄りの川向こうに，ドームの鉄骨をむきだしにしたままの産業奨励館が悲しい姿を残していた。これについても議論は二つに分かれていた。〔中略〕私は残すべきだと思った。原爆の恐ろしさ，残虐さ，非人間性，そうしたことを永久に忘れないために，〔中略〕このドームはシンボルとして残すべきだと考えた。従って，百メートル道路から中に入れば，ほぼ正面にこれが見えるように全体を設計することにした。」

　かくして，原爆記念陳列館から誘導路を軸線にシンメトリー（左右対称）な空間が配され，アーチ形の慰霊碑がアイストップとなり，その延長線上にさらなるアイストップとしての原爆ドームが視野に入る連続的ビスタが創出された

写真8-3　広島平和記念公園①

写真 8-4　広島平和記念公園②

(写真 8-3，写真 8-4)。この地を訪れる人々は無意識のうちにパースペクティブ(遠近感)効果に促され慰霊碑の前で祈りを捧げ，さらに慰霊碑の彼方に原爆ドームを確認することで平和への思いを新たにする。設計者の意図が特別に込められた例の1つとなろう。

b．明治神宮外苑

　東京の明治神宮外苑は青山練兵場跡地を博覧会場に利用する構想だったが，明治天皇崩御を受け，代々木に「神宮」が建設され内苑となったため記念事業の場として外苑となった。外苑の造営は1917(大正6)年に施行され，日本初の舗装道路でもある絵画館(聖徳記念絵画館)前の銀杏並木がつくられた[6]。青山通りの外苑入口から絵画館に向かって伸びる道路と並木がパースペクティブ(遠近感)効果をもたらし，典型的なビスタ・アイストップ型の景観を生み出している。並木道の延長は402m，銀杏は1917(大正6)年～1918(大正7)年に内苑より移して移植して仮育成したもので，1923(大正12)年に並木道の位置に植栽された。計画当初は2列の並木道だったが，その後四列に変更され現在に至っている。また，外苑入口から絵画館に向かって樹高の高い銀杏から低いものを植樹し，遠近感をより強調している(写真8-5)。

　美しいアヴェニューの条件を越澤明は，｢その都市を代表する並木道(アヴェ

第 8 章 ランドマークとパースペクティブ効果　165

写真 8-5　明治神宮外苑の銀杏並木

ニュー）には共通するひとつの都市デザインの公理がある。つまり，アヴェニューの軸線上のビスタにシンボリックな記念建築物が置かれ，街路，並木，建物の渾然一体としたレイアウトにより，一都市を代表する見事な空間がつくり出されている。」と述べ，日本においてこのような都市空間はほとんど実現しなかったが，日本の近代造園，都市計画の黎明期につくられた外苑の銀杏並木がその例外と説明している[7]。このように，ランドマークとなる記念建築物のアイストップ効果の重要性が示唆される。ちなみに，外苑の並木道の設計者は折下吉延である。同氏は関東大震災後の帝都復興事業において復興局建築部公園課長として，墨田公園や横浜の山下公園等の建設を指揮した。

c．大学通り（国立）

　国立は鉄道駅および前面に直線に延びる幅約 43m の大通り（当初：一ツ橋大通り，現：大学通り）と東西に放射状に延びる 2 本の街路（富士見通，朝日通（現：旭通）・幅約 10.8m）を配し，北は鉄道線をエッジ（縁辺）として国立駅を境に東西を東一条（條）から三条，西一条から七条，南北は第一線から第十九線（西側は第十八線）によって区画された。計画当初から明確な条（條）・線によるグリッド・パターンを有していた。そして，区画の主要部分は東京商科大学（現：一橋大学），東京高等音楽学院（現：国立音楽大学）などが占め

ていた。

　なお，当時の箱根土地と東京商科大学（現：一橋大学）の間で交わされた覚え書きには，「停車場は鉄道省の指定にしたがって，交通と外観とを考慮して，入念に建築し，大学の敷地を貫通する幹線道路の幅は二四間とすること。ただし，大学の用地を通過する部分については三〇間幅とする。その他，停車場を起点として，幹線道路と約四五度の角度の放射線道路と幹線道路に直交する道路をつくり，できるだけ整然とした区画をつくるように設置すること」などが謳われており，区画の中心としての駅舎およびシンボリックな規則的・幾何学的街路パターンへの配慮がなされている [8]。

　大通りはその後，桜や銀杏，松などの並木が道路沿いに列状に整備された。道路幅の広さおよび直線路が奏功したものと言えよう。そして，駅の持つ正面性と大通りとの間には，パースペクティブ（遠近感）効果と視野を遮ることのない直線的関係性が成立している [9] [10]。

　また，富士見通はその延長線上に富士山を望むことができる。ビスタが都市プランに取り込まれた典型例となろう。すなわち，富士山が通りからのアイストップ，空間認識点として位置づけられ，通りの名称と一体化することによる相乗効果が図られたものと考えられる。富士見地名・名称のもつ景観イメージの効果を増幅するものでもある（第5章，第6章参照）。

（2）水平－上方視線型

d．前田森林公園

　札幌の前田森林公園は札幌市が計画した「環状グリーンベルト構想」の一環として手稲区に整備された総合公園である。1982（昭和57）年に着手し，1991（平成3）年に全面完成した。面積は59.7haに及び，公園中央部に位置するカナールやポプラ並木，公園外周の市民植樹による記念樹の森が公園を特徴づけている。また，各種運動施設やイベント等が開催できる大芝生広場，展望ラウンジなどがある [11]。当地は加賀前田家15代当主の前田利嗣が1895（明治28）年に酪農を主体とする農場を拓いた場所である。

　当公園を特徴づける景観要素は全長600m，幅15mのカナール（運河・人工

第 8 章　ランドマークとパースペクティブ効果　167

写真 8-6　前田森林公園（札幌市手稲区）

池）である。これを基軸に両側に遊歩道，その外側にポプラ並木が配置され，パースペクティブ効果が生み出され一点透視的な構図が成立している。視線はカナールの先で一旦収束するが，さらにその先の手稲山が視野に入るように設計されている。手稲山は札幌圏に送信する各局のテレビ塔が頂上付近に設置され，札幌冬季オリンピックのスキー会場になるなどランドマーク・マウンテンとして位置づけることができる。なお，カナールの軸線は公園周辺の直交・格子型の街路・道路区画とは明らかに異なっており，ランドマーク・マウンテンとしての手稲山および山頂方向に向かってビスタ・アイストップ型の景観形成が行われたものと言えよう（写真 8-6）。なお，これとは反対方向も同様にカナールの先の展望ラウンジに向かってパースペクティブ効果が発揮されている。

e．吉野公園[12]

鹿児島市の県立吉野公園は 1964（昭和 39）年に都市計画事業により計画決定され，1970（昭和 45）年に総合公園として開園した。公園開設時の面積は 30.9ha に及び園内には芝生広場，花時計，噴水などが設けられている。その中でも海岸展望台は桜島，錦江湾，鹿児島市街地を俯瞰するビューポイントとして位置づけられる（写真 8-7）。当公園は都市公園 100 選の 1 つに選定され，

写真 8-7　吉野公園展望台から桜島を望む

写真 8-8　吉野公園正門入り口から桜島を望む

2011（平成 23）年 3 月から同年 5 月まで開催された花と緑の博覧会「第 28 回全国都市緑化かごしまフェア（愛称：花かごしま 2011）」のメイン会場となった。

　公園正面入口からは直線的なアプローチが延び，アイストップとしての花時計，花壇によりパースペクティブ効果が発揮され，その奥に桜島がアイストップとして視野に入るように設計されている（写真 8-8）。

　このように，広大な公園内に明確な軸線を配置し，一点透視的な構図を作り上げる中で鹿児島のシンボル桜島をランドマーク・マウンテンとして設定して

第 8 章　ランドマークとパースペクティブ効果　169

写真 8-9　ミラベル庭園からホーエンザルツブルク城を望む①

写真 8-10　ミラベル庭園からホーエンザルツブルク城を望む②

いる。公園全体に幾何学的通路などが配置されている訳ではないが，シンボルをアイストップとして誘導する設計が施された例となろう。

f.　ミラベル庭園（ザルツブルク）

　オーストリア西部を代表する都市のひとつがザルツブルクである。その名のとおり岩塩の産地であり，ザルツブルクの名称も「塩の城」を意味している。街の中央部をザルツァッハ川が流れ，その河畔に広がる交通の要衝の地として

発展してきた[13]。とくに，ドイツとフランスを結ぶ交易路として繁栄してきた。メンヒスベルグ丘上にはホーエンザルツブルク城が築かれた。オーストリアでは最も早くカトリックの影響を受け，1077年にローマ法王に味方した大司教が，皇帝側の南ドイツ諸侯の攻撃に備えて築城した要塞である[14]。モーツァルトの生誕地として知られ，各種の音楽イベントが開催される。

　フィッシャー・フォン・エアラッハの設計によるミラベル庭園はギリシア神話の彫像が並び，ペガサスの噴水が庭園内のアイストップとなっている。大司教ヴォルフ・ディートリヒが愛人ザロメ・アルトのために建てたミラベル宮殿がある[15]。ミラベル宮殿から庭園越しにホーエンザルツブルク城が望める（写真 8-9，写真 8-10）。シンメトリーな花壇と通路に誘導され，丘とその上に広がるホーエンザルツブルク城がアイストップとなる構図が形成されている。

(3) 下方視線型

g. 八幡坂通（函館）[16]

　北海道函館市の市街地は陸繋砂州上に広がっている。陸繋島の大半は函館山によって占められており，二十間坂通，日和坂，基坂通など市街地から函館山方面には多数の坂道が延びている。その中で八幡坂通は海を望み石畳の美しい坂として知られ，函館の観光スポットにもなっている（写真 8-11）。ここでは，坂の上から約270mの道路と両側の街路樹によるパースペクティブ効果により函館湾に視線が誘導される。その視線の先にかつての青函連絡船「摩周丸（現在は函館市青函連絡船記念館）」がアイストップとなって存在する。横浜の氷川丸と同様に，函館が港として機能し，本州と北海道を結んでいた歴史を想起させるモニュメントが視野に入ることで，物語性を伴う情緒やミーニング（意味）が創出されたものといえよう。ちなみに，八幡坂の由来は，1804（文化元）年，基坂上の函館奉行所の拡張工事に伴い，八幡宮が現在の八幡坂の上に移されたことによる。その後，八幡宮は1878（明治11）年の火災によって焼失し，1880（明治13）年に現在の谷地頭に移ったが，その後も名前は残った。ちなみに，八幡坂通をはじめとする坂の背後は函館山であり，海岸部からのビスタ・アイストップも成立している。

第 8 章　ランドマークとパースペクティブ効果　171

写真 8-11　八幡坂通から函館港および摩周丸を望む

　なお，前述のリスボン（ポルトガル）のエドゥアルドⅦ世公園からテージョ川に至る空間も，このタイプに分類することができる。

(4) 複合－双方向視線型

h. 長崎平和公園

　長崎における爆心地の松山町を中心に建設された公園が平和公園である。その理念は原爆被爆都市長崎に対し，国際文化の向上と恒久平和の理想を実現するために制定された長崎国際文化都市建設法に因るものである。園内には平和祈念像がランドマークとなって存在している。この像は彫刻家北村西望の作で，1955（昭和 30）年に完成し，高さ 9.7m の青銅製で，右手は天を指して原爆の脅威を，左手は水平に伸ばして平和を象徴している[17]。祈念像の説明文（一部分）によると「頑丈な体躯は絶者の神威を示し，柔和な顔は「神の愛」または「仏の慈悲」を表し，また軽く閉じた目は戦争犠牲者のめい福を祈っている姿である。」と表現されている。公園を訪れる人々は正面の平和祈念像を目標（アイストップ）とし，アプローチとなる通路を歩み，両側の外灯や樹木によって視線が誘導される。

　他方，平和祈念像から見ると，通路やアイストップとなる噴水そして上方に稲佐山を望むことができる。稲佐山は古くから人々にとって，長崎市街地や長

写真 8-12　平和祈念像

写真 8-13　平和公園から稲佐山を望む

崎港より仰瞰可能なランドマーク・マウンテンである。長崎市も昭和30年代より自然公園等の開発を進め，1958（昭和33）年以降，テレビ塔が設置され，1959（同34）年に大展望台およびロープウェイも設置されるなど新たな俯瞰点が整備された。これにより昼夜を問わず展望スポットとして機能し，近年では世界新三大夜景としてホンコン，モナコと共に認定された。このように，長崎のシンボルとして人々に認識される稲佐山に向かう平和公園，平和祈念像のビスタは長崎の意味ある軸線として位置づけることができる（写真8-12，写

真 8-13)。

i. シェーンブルン宮殿と庭園 [18] [19] [20]

オーストリアのウィーンにあるシェーンブルン宮殿は，ハプスブルク家の夏の宮殿としてつくられた。フランスのヴェルサイユ宮殿に対抗したとも言われ，広大な敷地に宮殿，庭園，動物園，温室なども設けられている。とくに，マリア・テレジアの時代に大改修が行われ，マリア・テレジア・イエローと呼ばれる黄色を基調とした宮殿の外壁とともにオーストリアを代表する宮殿・庭園となった。1814～15年のウィーン会議では，宮殿内の大広間が舞踏会の舞台となり「会議は踊る，されど進まず」と揶揄された。

宮殿・庭園はヴェルサイユ宮殿と同様に王の視線を遮らない直線的なビスタを基軸に左右対称に花壇，放射状に並木を整え，アイストップとしてネプチューンの泉が設けられている。その背後に広がる小丘上に象徴的なグロリエッテがさらなるアイストップとして控えている（写真 8-14）。グロリエッテは対プロイセン戦の勝利と戦没者の慰霊のために建設されたギリシア建築の記念碑（未完成）であり，小丘から俯瞰すると視線の先に宮殿，その先に直線道路が延び，宮殿，庭園そして周辺地区を含むビスタが展開している（写真 8-15）。

このように，シェーンブルン宮殿と庭園は宮殿とグロリエッテがそれぞれ対

写真 8-14　シェーンブルン宮殿からグロリエッテを望む

写真 8-15　グロリエッテからシェーンブルン宮殿を望む（岡島梓氏撮影）

照的なランドマークとなり，双方からの一点透視的な遠近感を伴う構図により調和のとれたビスタが周辺との景観に融合しつつ形成されている。ちなみに，同宮殿は 1996 年に世界遺産に登録された。

4. ビスタ・アイストップ型ランドマークのミーニング

　このように，ビスタ・アイストップ型ランドマークには歴史的建築物やモニュメント，そして自然的要素としてのランドマーク・マウンテンなど意味あるものが用いられている。とくに地域アイデンティティを表象するランドマークを構図の中心に据え，人々の視線を引き寄せる例が多い。都市計画においても，東京駅と皇居の和田倉門を結ぶ行幸通りのようにビスタ・アイストップ型の道路計画が明治期の帝都復興院により関東大震災後に実行された。日本の玄関として計画・設計された東京駅と皇居を結ぶメインストリートが整備されたのである。その結果，東京駅から皇居，皇居から東京駅の双方向にパースペクティブ効果による景観が生み出された。そして，行幸通りは単なる道路としての機能だけではないミーニングを含むことになったのである（写真 8-16，写真 8-17）。

　公園（宮殿）の造園デザインにビスタ・アイストップ型のコンセプトを用い

第 8 章　ランドマークとパースペクティブ効果　175

写真 8-16　行幸通りから見た東京駅

写真 8-17　東京駅・行幸通りから皇居方面を望む

る例はきわめて多い。17世紀のル・ノートル（Le Notre, A.）によるヴォール・ル・ヴイコント庭園の設計からヴェルサイユ庭園に至るフランス式庭園の特徴は，視野を遮らない見通し線がまっすぐに延び，左右対称な展開，そしてランドマークやアイストップとしての城館や噴水の配置となってデザインされた[21]。これは，オーストリアのシェーンブルン宮殿と庭園もその影響を受けたといわれ，明治以降の日本においても西洋式庭園に欠かすことのできないデザイン・コンセプトになっている。

写真 8-18　迎賓館

　なかでも東京（元赤坂）の迎賓館は，かつて紀州徳川家の江戸中屋敷があった場所に，1909（明治42）年に東宮御所として建設された。建築家片山東熊の総指揮の下にネオバロック様式の西洋風宮殿が建設された。戦後は建物・敷地とも国に移管され，用途も多様であったが，1974（昭和49）年に建築家村野藤吾により改修が行われ，現在の迎賓館赤坂離宮が完成し世界各国の賓客を接遇するための施設となった。正門から本館に至るアプローチは，左右対称に庭が整備され，パースペクティブ効果が発揮されている（写真8-18）。
　一点透視的な構図に欠かすことのできないアイストップは各種のランドマークである。基本特性である象徴性，記号性，場所性，視認性・認知性が反映されるランドマークはアイストップとして相応しいものであり，ビスタ全体の要に位置づけることができる。すなわち，ランドマークはパースペクティブ効果を成立させるための重要な役割を担い，景観および空間の構図における焦点の役割を果たしている。

5. まとめ

　以上のように，一点透視的な構図によるビスタ・アイストップ型の景観形成は意図的に生み出されることが多い。とくに都市計画や公園の設計では幾

何学的に通路・道路・街路が配置され，秩序ある空間が形成される。それは，軸線を中心とした比較的シンプルな景観やパースペクティブ効果による人工美が形成可能になるためである。すなわち，完結性のある絵画的空間の中に，人々の視線を焦点化し構造化することにより，わかりやすさ（レジビリティ（legibility））を発揮することができる。また，視線の先に配置される自然的要素や人文的要素のランドマークと視線の方向づけは，設計者の意図やメッセージが反映されることも多い。すなわち，景観構成要素であるランドマークの基本特性が反映される場として位置づけることができる。その結果，周辺とは異なるシンボリックな空間としての意味（ミーニング）を持つことになり，地域アイデンティティを醸成可能な空間にもなる。

　今後もビスタ・アイストップ型の景観形成は各地で行われることが予想されるが，単純な人工美の創造に偏ることなく，自然や歴史性・文化性などを反映したシンボリックな空間や景観形成が求められ，意味ある空間の創出に結び付くことが望まれる。

[注]
1）津川康雄『地域とランドマーク』古今書院，2003，全225頁．
2）篠原 修編・景観デザイン研究会著『景観用語事典』彰国社，1998，32 ～ 33頁．
3）津川康雄「都市におけるランドマーク・マウンテンの成立過程」地域政策研究 17-4，2015，67 ～ 79頁．
4）広島市『図説 広島市史』広島市，1989，164 ～ 168頁．
5）丹下健三著『一本の鉛筆から（人間の記録57）』日本図書センター，1997，64頁．
6）竹内正浩著『東京時空散歩』洋泉社，2013，46 ～ 49頁．
7）越澤 明著『東京都市計画物語』筑摩書房，2001，86 ～ 104頁．
8）①国立市市史編さん室『国立市史 下巻』国立市，1990，78 ～ 115頁．②『くにたちの歴史』編さん専門委員会『くにたちの歴史』国立市，1995，155 ～ 171頁．
9）津川康雄「都市プランの成立とランドマークの機能」地域政策研究 16-2，2014，131 ～ 146頁．
10）津川康雄「都市景観形成のプロセスとランドマークの機能－東京国立市を事例に－」地域政策研究 16-3，2014，135 ～ 151頁
11）①札幌市企画調整局計画部都市計画課『札幌市都市景観基本計画』，1997．②札幌市環境局みどりの推進部『平成23年度事業計画』，2011．

12）鹿児島市建設局都市計画部『鹿児島市の都市計画』，1978，29 〜 36 頁．

13）『世界遺産「全データ」大辞典（別冊歴史読本第 79 号　入門シリーズ)』新人物
　　往来社，1998，192 頁．

14）池内 紀監修『世界の歴史と文化　オーストリア』新潮社，1995，103 〜 107 頁．

15）前掲 14）105 〜 106 頁．

16）函館市公式ホームページ．

17）長崎県高等学校教育研究会社会科部会編『新版 長崎県の歴史散歩』山川出版社，
　　1989，57 〜 58 頁．

18）池内 紀・南川三治郎著『ハプスブルク物語』新潮社，1993，28 〜 51 頁．

19）前掲 13）193 頁．

20）前掲 14）77 〜 80 頁．

21）佐々木邦博「ル・ノートルとフランス式庭園」進士五十八・白幡洋三郎編『造
　　園を読む—ランドスケープの四季—』所収，彰国社，1993，128 頁．

第9章　ランドマークの継続性とその要件

1. ランドマークの継続性とその要件

　形あるランドマークは時代背景や技術の変革に伴う存在意義の喪失，経年変化に伴う劣化など，存在理由を失うと消滅することも多々ある。その意味では，永久不滅のランドマークは存在しないものと言えよう。しかし，景観的価値や地域アイデンティティを獲得したランドマークは継続性を有し，その姿を維持することもある。

　たとえば，封建体制の象徴である城郭および城は本来の機能は失いつつも，現代において地域や都市におけるシンボルとして位置づけられることも多い。その際，天守閣等を原形に忠実に新技術を駆使して新たな建築を行う例や，これまでの建築物を活かしつつリノベーションする例などが認められる。また，各地につくられた塔・タワーも当初の姿・形が変化しつつも再建される例が認められる。さらに，歴史的価値が付与された建築物や，伝統的な建築様式として意味づけられたビルなども外観の意匠を保存しつつ，新たな建築が行われることも多い。

　このように，様々な要因により，人々に認知され意義深いランドマークは継続性を有し，新たな意味を付加しつつ存在し続ける。ここでは，ランドマークが継続性を有する各種の事例を取り上げ，その要因や背景を明らかにすることにした。

2. 継続的ランドマークの形成

（1） 城郭の継続性

a. 地理的慣性と継続性

　ランドマークの継続性を示す代表例が城郭である。封建体制の象徴である城郭は 1869（明治 2）年の版籍奉還，1871（同 4）年の廃藩置県によりその機能的役割を失った。明治政府はこれまでの大名・城主に対して版籍を奉還させ，封建的支配体制の象徴である城を取り壊したり，城地を軍事利用の場として接収したりした。具体的には，1872（同 5）年に城郭を陸軍省に管轄させ，陸軍省が城郭の存廃を調査し，存置するものや旧城主または管轄市町村に払い下げるなどの対応を行った。

　しかし，第二次世界大戦前までに城郭の史的価値は高まり，国の史跡指定を受けるものも多くなった。また，戦後は各地で天守閣が再建されるなど地域や都市のシンボルとして，景観的価値が増し，観光対象として位置づけられるものも多くなった。現在の城郭およびその周辺における土地利用を見ると，公園・庭園，文化施設，官公庁，神社，スポーツ施設などに多く利用されている。城（天守閣）と公園・庭園，そこに桜やつつじなどの花が咲き誇り緑の松が彩りを添える姿は，城郭の基本的なイメージを構成しているといえる。城郭のシンボルとなる天守閣は，近世から現存しているものや近代以降復元されたものなど様々であるが，国宝や重要文化財などに指定され保存されるものが増加した。

　城下町起源の都市における城郭ほど地理的慣性に基づく継続性を維持している空間は珍しい。封建体制下における政治・経済の中心地体系を支えてきた城下町およびその中枢としての城郭は，近代以降大きくその役割を変容させていった。しかし，封建時代の象徴である城郭が社会の大きな変化に晒されながらも，また，現代都市の機能や構造とは対応しにくい存在であったにしても，都市の中心地域を占める例が多い。都市計画などにおいても城郭を移転させる例は皆無に等しく，依然として都市内部のシンボリックな空間拠点として機能しているのである[1]。

第9章 ランドマークの継続性とその要件　181

写真 9-1　姫路城

　城郭は，当該地域の住民はもとより，観光対象としても重要な意味をもつ。1993（平成 5）年に世界遺産に指定された姫路城などは，一種の美的・芸術的な建造物と見なすこともできる（写真 9-1）。それは，概ね市街地を俯瞰できる位置を占めていたり，趣のある空間が形成されたりといった城郭固有の特性が背景にあるためである。特に，ほとんどの城郭に公園が付随していることは，住民や観光客にとっての必要不可欠な空間として利用されている証である。過去の経緯はいかなるものであったにせよ，これほど純粋な公的空間が生み出されたことは，日本の都市にとって幸いなことではなかろうか。すなわち，住民が実際に生活を行う場とは異なり，利害関係を生じにくい，住民や来街者・観光客などのコンセンサスが反映できる特別な空間が残存・継続されているのである。

b．政策的要因

　継続的ランドマークの成立には，国や地方自治体の政策が関わることも多い。とくに，1950（昭和 25）年に公布された文化財保護法は，伝統的建造物群制度，登録文化財制度の導入などにより，建造物の価値が文化的意義に昇華する契機になったのである。具体的には重要文化財，その中で特に文化史的意義を有するものを国宝としている[2]。

現在，国宝に指定されている天守閣をもつ城は，松本城（長野県松本市），犬山城（愛知県犬山市），彦根城（滋賀県彦根市），姫路城（兵庫県姫路市），松江城（島根県松江市）である。なかでも，姫路城は「白鷺城」の愛称で知られ，1993（平成5）年に奈良県の法隆寺とともに，日本初の世界文化遺産に登録された。こうして，その修理・修復には厳しい制約が加えられ，保存に至るのである。言い換えれば，必然的にランドマークの継続性が担保されるのである。

（2）塔（タワー）の継続性[3]

a. 五稜郭タワー[4]

五稜郭タワーはその名の通り，北海道函館市の特別史跡「五稜郭」に隣接し，築城100年を記念して建造された。1964（昭和39）年12月に初代タワーが開業となったが，タワー施設の老朽化に加え，五稜郭の堀の一部が死角となっていたこと，展望台の狭隘感から，41年間の稼働を終え，2006（平成18）年4月に新タワーへとバトンタッチされた。ただ，旧タワーの解体が同年の6月に始まったため，わずかな期間ではあるが，2つの新旧タワーが並び立つ珍しい光景が見られた。旧タワーが高さ60m，新タワーは高さ107mである。五稜郭の全景が望めるようになった。2016（平成28）年3月には，北海道新幹線「新函館北斗駅」も開業し，本州からの観光客が増加している。

五稜郭の歴史は，江戸幕府の政策と深く関係している。1853（嘉永6）年ペリー率いるアメリカ艦隊が来航した。黒船の脅威で徳川幕府内は大いに揺れ，1854年（安政元年），幕府はアメリカと日米和親条約を締結，下田と箱館（現函館）の2つの港を開くことを決定した。同時に，箱館奉行所も設置されたが，外国からの攻撃に対する脆弱性が指摘され，国内初の西洋式城郭の築造が計画された。蘭学者武田斐三郎の手により設計された五稜郭だったが，歴史の表舞台に登場したのは，完成の4年後に開戦された箱館戦争がきっかけだった。維新政府軍と旧幕府軍との間で行われた戊辰戦争最後の戦いである。北の大地まで追い詰められた旧幕府軍は，五稜郭を占拠した。約5カ月後，新政府軍の箱館総攻撃が開始され，新撰組副長の土方歳三が戦死するなど，旧幕府軍は敗北した。その後五稜郭は，明治政府の兵部省に管理されることになり，1914（大

第 9 章　ランドマークの継続性とその要件　183

写真 9-2　五稜郭タワーから五稜郭を望む

写真 9-3　五稜郭タワー

正3）年に市民の公園として利用されるようになった。

　展望タワーとして，これほど明確な使命を帯びたものも少ないだろう。旧タワーが 45m だった展望台の位置も，新タワーでは上層階で 90m と元の 2 倍の高さとなり，五稜郭の全体をはっきり確認できるようになった（写真 9-2）。五稜郭の展望を目的としているタワーらしく，塔体の断面は星形，展望台は五角形と，五稜郭独特の形状をコンセプトに，塔の存在そのものが五稜郭の特徴をより意識させている（写真 9-3）。五稜郭公園は，桜の名所として地元にも

親しまれている。函館市民にとって五稜郭の存在は特別なものであり，その全景を見られるタワーが新しくなったことは好意的に受け入れられているものと言えよう。

b. 横浜マリンタワー[5]

　横浜マリンタワーは，1958（昭和33）年，横浜開港100周年の記念事業の一環として建設が計画され，1961（昭和36）年1月に開業したタワーである。展望台の他に，レストハウスや海洋科学博物館が設けられ，一躍人気施設となった。しかし，みなとみらい21地区の隆盛とは対照的に入場者が減少し，2006（平成18）年に営業を中止した。解体もささやかれる中，多くの市民からの要望に応える形で横浜市が再整備を決定し，2009（平成21）年，横浜港開港150周年の年にリニューアルオープンを遂げた（写真9-4）。

　横浜マリンタワー最大の特徴は，灯台を思わせるデザインのみならず，最上部に灯台としての機能を備えていたことである。かつては「世界一高い灯台」として，ギネスブックにも掲載されていた。しかし，高額な改修費や必要性の低下により，灯台としての機能は2008（平成20）年に廃止された。現在は，展望台を中心とした施設となっている。オープン当初は，東京タワーや神戸ポートタワー同様，航空法の関係から赤と白で塗り分けられていた。1989（平成元）年に開催された「横浜博覧会（YES'89）」をきっかけに，空に向けて白から赤へとグラデーションにペイントされた。横浜開港150周年を迎えた2009（平成21）年には，現在のシルバーとなって復活した。タワーといえば4角型が多かった中で，10角型でどこから見ても同じ形に見えるデザインは当時から個性を

写真9-4　横浜マリンタワー

第 9 章 ランドマークの継続性とその要件　185

写真 9-5　横浜マリンタワーから山下公園・ランドマークタワーを望む

放っていた。

　高さ 106m の塔体で，展望フロアは高さ 94m に位置し，横浜の景観を俯瞰することができる。また，みなとみらい 21 地区から少し離れていることから，ランドマークタワーや赤レンガ倉庫など，近年特に変化を遂げたエリアの全景を収めることができる（写真 9-5）。2006（平成 18）年に営業が中止された際には，解体も検討されていた横浜マリンタワーであったが，厳しい財政状況の横浜市が買い取りを決断したのである。多くの市民の思い出が詰まった，港横浜の象徴であるという認識が揺るぎないものであった証拠と言える。

c. 江ノ島灯台（江の島シーキャンドル）[6]

　湘南の一大観光地，江の島に立つ江の島シーキャンドルは，高さ 59.8m，屋内の展望フロアの高さは 41.7m である。2003（平成 15）年 4 月，旧江の島灯台を運営していた江ノ島電鉄が，江ノ電開業 100 周年事業の一環としてオープンした。キャンドル型の灯台タワーは展望タワーとしての機能以外に，旧江の島灯台から灯台としての機能も引き継いでいる。民間としては国内最大級の航路標識機能を誇る灯台である。特徴的な逆円錐型の外観は，多数の携帯電話のアンテナを塔のシルエット内に収められる利点の他，周辺に影を落としにくい形状で，植生の生育をさまたげにくいデザインとなっている（写真 9-6）。

写真 9-6　江ノ島灯台（江の島シーキャンドル）

　江の島シーキャンドルは建設中，初代江の島灯台と並び立ち，灯具の交換を行って世代交代を果たした。旧江の島灯台は，1940（昭和15）年，読売新聞社がつくった「よみうり落下傘塔」という兵士訓練を主目的にした塔が移築されたものである。戦後，藤沢市では江の島植物園の観光化が進められ，江の島のシンボルとなる展望塔を建設する案が浮上した。そこで，終戦後目的を失った「よみうり落下傘塔」の利活用が図られたのである。

d. 通天閣 [7]

　名古屋テレビ塔が竣工した1954（昭和29）年，戦後復興を目的とした通天閣の再建を求める声が地元から上がった。通天閣の地元商店街は「通天閣観光」という会社をつくり，タワー建設の第一人者内藤多仲に設計を依頼した。これほどまで，地元の強い思いで建設されたタワーは珍しい。車道をまたぎ，すぐそばに市街地が広がるという環境ながら，大阪のランドマークとして位置づけられる。通天閣の名は，漢籍に精通していた儒学者の藤沢南岳が命名した。通天閣も京都タワーと同じく電波塔としての役割は当初から想定されず，観光展望塔であり，広告塔として機能している（写真9-7）。第5回内国勧業博覧会の誘致に成功した大阪は，その跡地に娯楽場「新世界」を建設し，中央に初代通天閣を据え，シンボルタワーとした。

初代通天閣は，凱旋門の上にエッフェル塔が乗るという奇抜なデザインだった。新世界の北半分はパリ市街を思わせる放射状の道を走らせた街区，南半分はニューヨークのリゾート地コニーアイランドを模した遊園地「ルナパーク」となった。当時としては画期的だったイルミネーションも，その非日常感を高めたことだろう。しかし，開業からわずか3週間後の明治天皇崩御により，全国の娯楽施設では閑古鳥が鳴いた。

 2代目通天閣は，開業の翌年から民間企業がネオン広告を掲出している。広告は四面中三面，一面は公共的に利用

写真 9-7　通天閣

することという条項があり，最も広告効果が高いと思われていた西面を，公共的なメッセージを発信する面とした。広告や公共メッセージは変更され，時代の移り変わりをよく示している。

 誕生時から愛され続けた通天閣は，東面には日本一の大きさを誇る時計があり，アイストップとしての役割を果たしている。現在は，1年を6色で表現するライトアップが行われており，人々に季節の豊かさを伝えている。1979（昭和54）年からは，塔の頂上に丸いネオンが灯っている。光の天気予報と呼ばれ，大阪管区気象台と通天閣を専用回路で結び，2段の色の組み合わせで，明日の天気がわかるようになっている。誕生当初から，地元から熱望されて建設された通天閣は，それから年数を重ねても，新世界をはじめとした大阪のランドマークとして機能している。

(3) 鉄道駅の継続性

 日本の鉄道駅は，機能的には各種の目的を持った行動を支える拠点であり，日々人々の集合離散が繰り返される。地域や都市における出入口（ゲート）と

写真 9-8　JP タワーから東京駅を望む

して位置づけられる。都市のイメージを説明したリンチ（Lynch, K.）の観点からは，結節点としてのノード，パブリックイメージの強いランドマークとして位置づけることができる。また，鉄道駅（駅舎）は色や形，デザインの多様性により，ランドマークとしての機能を有するものが極めて多い。たとえば建築様式の違いは，歴史的遺産や地域におけるシンボルとして位置づけられるものなど多様である。辰野金吾による東京駅の建築は，日本そして東京の顔をつくるといった理念から設計された。そして，駅東口側の八重洲，西口側の丸の内と性格の異なる地区の発展と一体化してきた。さらに，皇居方面を結ぶ直線的な行幸通りの配置による一点透視的なビスタの形成により，東京駅がアイストップ，ランドマークとなった（写真 9-8）。近年では，駅は建築技術の進歩や経済発展に伴い単なる乗降の場にとどまらず，宿泊施設や商業機能を含む複合的な機能を有する駅舎・高層ビル化するものも増えてきた。

　また，駅前空間は当該地域のゲートとしての機能や他の交通機関との接合部分として，またシンボルゾーンとしての機能を有することが多く広場が形成されることも多い。駅舎と駅前広場が一体化することによって成立する場は，極めて重要な都市のイメージを醸成する場となり，都市の空間構造・地域構造における重要な交流空間，認知空間として位置づけることができる[8]。

　札幌駅ビル「JR タワー」は，旧鉄道跡地に駅と一体開発され，2003（平成

写真 9-9　JR 札幌駅・JR タワー

15) 年に完成した[9]。ショッピングセンターやホテル，オフィス，シネコン，そして，JR タワー展望室 T38（タワー・スリーエイト）といった施設が集積する多機能ビルである。京都駅，名古屋駅，大阪駅，東京駅と，日本を代表するターミナル駅は巨大化してきた。札幌駅も例外ではなく，都市にあるべき施設やサービスを取り込んで多機能になるほど，街に与える影響は大きくなる。札幌駅ビルは，その影響に配慮して札幌の地域性を尊重し，なおかつ品格のある建物にするべくデザインされている。

　展望室のあるタワー棟の高さは地上 38 階，高さ 163m である。札幌市内で初めて，さっぽろテレビ塔（地上 147.2m）を超える高さの建築物となり，市民に唐突な印象を与える可能性があったことから，あえて駅舎部分の高さは 51m に抑え，タワーを東側の奥に配置するという念の入れようだった。それによって，駅舎の上に空が広がり，開放的な風景となった。具体例を挙げると，JR タワーは 1908（明治 41）年から 45 年間活躍した 3 代目札幌駅のディテールと，温かみのあるベージュを基調とした色彩を取り入れた。駅舎部分の形状については，4 代目のイメージを取り入れ，街の記憶を継承した（ちなみに，3 代目札幌駅は，市内の「北海道開拓の村」に縮小再現されている）。JR タワー展望室 T38（タワー・スリーエイト）があるタワー部は，22 階部分から幅が狭くなるデザインが特徴的である（写真 9-9）。

写真 9-10　丸の内ビルディング

このように，札幌駅は鉄道駅としての機能を保ちつつ周辺開発を進めてきた。そして，駅ビル等の建設を旧来のイメージを活かしながら行い，地理的慣性を伴う継続性が維持されてきたのである。

(4) 歴史的建築物の継続性

丸の内ビルディングの前身である「丸ノ内ビルヂング」は，1923（大正 12）年に竣工した[10]。その大きさから「東洋一のビル」と謳われたオフィスビルは人々の憧れであり，丸の内が日本一のビジネス街となる大きな原動力となった。

ちなみに，当時のビジネス街と言えば，日本橋・兜町であり，明治時代半ばまで，丸の内はただの空き地であった。財政難に陥った新政府は，皇居前の軍用地を相場の 2 ～ 3 倍という高値で売りに出し，財界人に購入を持ちかける。しかし，交渉はすべて失敗に終わり，東京市でさえ年間予算の 3 倍という値付けに手が出なかった。当時の蔵相松方正義は，三菱社 2 代目社長の岩崎彌之助に直談判した。彼が「国家あっての三菱」と 1890（明治 23）年に購入を決めた。この巨額投資は，同年に発表となる東京駅建設計画を念頭に置いたものと言えよう。

その後，彌之助の長男である岩崎小彌太は，4 代目社長となり，破格の総工費をかけた大型ビル「丸ノ内ビルヂング」の建設を決意した。丸ノ内ビルヂングは，1995（平成 7）年の阪神・淡路大震災を契機に建て替えが決定した。特定街区制度を活用し，指定容積率を超えて大規模・高層化した新たなビル，丸の内ビルディングの建設が発表された。21 世紀を生き抜く国際ビジネスセンターの顔として，2002（平成 14）年に再びオープンした（写真 9-10）。

低層部は，丸ノ内ビルヂング（旧丸ビル）の雰囲気を残し，高層部は低層の色合いに合わせた落ち着いた色味に仕上げている。地上 37 階地下 4 階の超

高層ビルは，隣の新丸の内ビルディングと低層部，高層部の高さを揃えて一体感を出している。2つのタワーは，岩崎彌之助が描いた東京の表玄関にふさわしいゲート性と風格を備えている。

国際的に通用する一大オフィス街を造るという三菱の目論見は大いに当たり，現在の丸の内は大企業の本社や国際金融センターが集中し，JR東京駅のみならず，5路線の地下鉄網が走る日本一のオフィス街となった。しかし，オフィス街の宿命として週末の閑散は避けられなかった。1998（平成10）年頃から，オフィス街一辺倒のイメージを変え，商業エリ

写真9-11　JPタワー

アの充実，文化的，観光要素を含んだ多機能な街を目指して再度開発が進められた。

丸の内エリア内では，新丸ビルと丸ビルの間を通る行幸通りの地下に歩行者専用通路をつくり，東京駅・丸ビル・新丸ビルの回遊が進んだ。そして，かねてより「大・丸・有」（大手町・丸の内・有楽町）と呼ばれるエリアは，一定のルールに則って開発が進んだエリアであり，統一感のある街並みであった。その統一感をもう一歩進め，丸の内仲通りという全エリアをつなぐ通りを重点的に整備することで，回遊性を高め，魅力あるエリアを形成している。

下部に過去のビルの記憶を継承し，上部は超高層ビルにするという手法は，日本工業倶楽部，歌舞伎座タワー，JPタワー（キッテ）（写真9-11）などにも取り入れられ，定着しつつある。遠方から見るとやや違和感があることは否めないが，今までも様々な様式を折衷して発展した日本近代建築にあって，新たな可能性を示唆するものである。

3. ランドマークの継続性とその要件

　このように，意味（ミーニング）・意義を獲得し，景観要素として人々に受容され，空間イメージや原風景を形成し，地域アイデンティティを表象する存在となったランドマークが，強く継続性を発揮するのである。すなわち，ランドマークが象徴性，記号性，場所性，視認性・認知性を獲得し，シンボルとして人々に受容されることにより継続性が創出される。その主体は官民いずれの場合も認めることができる。とくに，法的制度やユネスコの世界遺産に認定され継続性が担保されたランドマークとしての建築物・建造物がその例となり，原則として原型保存を伴う継続性となる。

　ランドマークの継続性には，①原型維持型，②建替・再建型，③リノベーション型，④イメージ維持・新設型の諸タイプが分類できる。

　　①のタイプに含まれるのは，城郭・天守閣などで，地域や都市のシンボルとしてランドマーク化されたものである。可能な限り史実を踏まえた形で維持・再現される。場合によっては，これまでの木造で漆喰が施された建築物が，耐震化を果たすために鉄筋コンクリートによる再建が行われることもある。

　　②のタイプは，本章で取り上げた五稜郭タワー，江ノ島灯台，通天閣などのように，同一地点もしくは近接地に新たに建設される例である。当該地にとり欠かすことが出来なくなったランドマークであり，何らかの事情で原型を失い，維持が困難となったことから建て替えられるのである。地域における重要な意味を保持し続けたアイストップとしてのランドマークである。

　　③のタイプには，横浜マリンタワーが該当する。すなわち，原型を維持しつつ，内装の変更，外観の塗装変更などによりイメージの変化を促すのである。時代の変化に対応しつつ，新たなコンセプトを付加することにより継続性を確保するものである。

④のタイプは，建築物としての寿命や新たな機能を実現するために建替の必要が生じた際，外観・外壁の一部を旧来のものを使用したり，イメージを保持しつつ新たな建築を行うものである。丸の内ビルディング，JP タワーなどがこれに該当する。

以上のように，ランドマークとして地域や都市のシンボル的存在として人々にその価値が認められ，認知されることが継続性の要件として最も重要な柱になるものと言えよう。

4. まとめ

ランドマークは様々な意図により直接的・間接的要因によって生み出される。そして，何らかの意味（ミーニング）を持ち，地域アイデンティティを発揮することになったランドマークは，要件の違いはあるにせよ継続する例が多い。少なくとも，地域のシンボルとして定着し，その存在が必要不可欠なものとして景観的・機能的に人々に受容されることが求められる。たとえば，2016（平成28）年4月に発生した熊本地震により多くの被害を受けた熊本城だが，加藤清正ゆかりの城であり熊本市のシンボルとしていち早く復元の機運が高まっている。そして多額の費用負担が伴うことから，地元のみならず日本各地からの支援が予定されている。

しかし，ランドマークとして継続性を有するものを単に復原（元）・保存すれば良いとは言えない。そこには人々のコンセンサスを得るための議論や，行財政面での支援を踏まえ，変えてはいけないものを明確化し，新たなコンセプトの付与や新規性を促すといった観点も必要になろう。リノベーションの視点も欠かすことができない。いずれにしても，地域や都市におけるシンボルとして機能するランドマークの諸特性を踏まえた景観政策が求められるのである。

［付記］
本章作成に際し，フリーライターの岡島梓氏の協力を得た．

［注］

1) 津川康雄「ランドマークの形成と地理的慣性－城郭を中心として－」高崎経済大学論集 39-3，1996，21 ～ 42 頁.

2) 文化庁『国宝・重要文化財 建造物』2013.

3) 津川康雄『タワー－ランドマークから紐解く地域文化－』ミネルヴァ書房，2016，全 254 頁.

4) 前掲 3) 50 ～ 55 頁.

5) 前掲 3) 131 ～ 135 頁.

6) 前掲 3) 136 ～ 140 頁.

7) 前掲 3) 76 ～ 82 頁.

8) 津川康雄「都市プランの成立とランドマークの機能」地域政策研究 16-2，2014，134 頁.

9) 前掲 3) 174 ～ 178 頁.

10) 前掲 3) 195 ～ 199 頁.

終　章

　筆者は本書を通じてランドマークの諸特性と，それが地域アイデンティティを表象する存在であることを明らかにしてきた。景観要素の一つに過ぎないランドマークが，象徴性，記号性，場所性，視認性・認知性等の諸特性に支えられ，多くの場合相互に関連しながら人々の認識を強固にさせ，空間イメージや原風景を形成していることであった。とくに，ランドマークは何らかのミーニング（意味）を持ち，地域や都市において存在感を発揮している。

　本書において明らかになったことを列挙すると，ランドマークは地域や都市においてアメニティ効果をもたらすものである。その例として取り上げた花時計は，イギリス・スコットランドのエディンバラ（エジンバラ）で誕生し，全世界に伝播し設置された。日本においては神戸から始まり，全国各地にその姿を確認することができる。花時計は人々に潤いや安らぎをもたらす。そして良好な景観要素となるランドマークのもつ波及効果が明らかになった。

　タワー（塔）は典型的なランドマークの例である。フランス・パリのエッフェル塔は人々に新たな視点と視野をもたらした。日本においては，電波塔としてのタワー建設が端緒となり，東京タワー，東京スカイツリーへと展開していった。その間，超高層ビルなども加わりシンボルとしての役割とアイストップ，ビューポイントとしての役割を担うまでになり，技術発達，デザインの進化に支えられたテクノランドマークとしての存在にまで昇華したのである。都市における都市軸の中心や認識ポイントになることも多く，夜間のライトアップによる「図」と「地」の関係性を理解することもできる。

　地域や都市における山は様々な機能を有している。とくに景観要素として重

要であり，本書においてはランドマーク・マウンテンとして位置づけた。それは，空間認識ポイントや景観構図の中心にもなり，都市プランの基点をなす例も多い。そして，山は人々にとってアイストップ，ビューポイントとしての役割も果たしている。富士山などはランドマークとしての存在を超え，人々の感性を刺激し文化・芸術の対象としての存在にまで昇華している。

地理的特異点とランドマークとの関係は密接である。地球上，とくに陸地においては各種の方位や座標点，ターニング・ポイントなどが出現する。大航海時代に登場する喜望峰，ホーン岬などは地図上の目印にもなり，印象深く記憶される場所になる。このような地理的特異点は人々の意識が集中しやすい場所ともなり，そこに各種のモニュメントが置かれることによって，強い場所性が発揮されることになる。場合によっては，地理的特異点の希少性が，その印象をより強めているものと言えよう。

都市が計画的に建設され，庭園・公園の設計が行われる際，幾何学的な形状を施し，空間的アクセントとして特徴的なランドマークを配することがある。それは，都市軸・空間軸を明確にするため，ランドマークをアイストップとして利用するためである。ノードとしての鉄道駅などは，人々の集合離散，すなわち記憶の蓄積が日々行われる強い認識ポイントとして位置づけられる。

ランドサインはランドマークの一つとして位置づけることができる。人間は日々，文字・記号などを読み取りながら生活している。認識レベルの違いはあるにせよ，共通認識に支えられたサインはパブリックイメージとして定着し，強いメッセージ性を発揮する。本書で取り上げたハリウッドサインは，かつて住宅地の販売を宣伝する看板であった。それが，ロサンゼルス，映画産業のハリウッドに欠かすことのできない存在にまでイメージが高まった。ランドサインによる地域アイディンティティの醸成・表象と見なすことができる。

景観の認識は強く人間の視覚に支えられている。とくに，視点の置き方により景観の構図は様々に変化する。なかでも，一点透視的構図は遠近感をとらえる際に，効果的である。中心線に沿って左右対照な事物の配置とその奥にランドマークを配する構図は，パースペクティブ効果に支えられた奥行き感と安定感をもたらす。幾何学的で単調な構図という評価もあるが，ビスタ・アイストッ

プ効果を最大限に活かす構図である。

　人文的ランドマークは，地理的空間における人間の諸活動によって生み出された対象である。その消長は時代背景や重要度に左右されるが，ミーニング（意味）そしてアイデンティティを獲得したランドマークは，強く継続性を有する。その際，多様な手法でイメージの継続が図られる。

　以上のように，ランドマークは単に目印としての存在から，意味ある存在に昇華し，地域アイデンティティを表象するものであることが明らかになった。これからも空間・景観・場所・風景の要素として新たなランドマークが生み出されるのであろう。

　本書の構成のうち，第1章から第9章までは，以下に示す論文をもとに改変し，序章，終章については書き下ろした。

第1章：「都市におけるアメニティの成立要件とその伝播」地域政策研究
　　　11-4，2009，1〜17頁。
　　　「都市景観のアメニティとランドマーク」都市地理学 Vol.4，2009，41〜
　　　50頁。
第2章：「空間的位置とランドマークの関係」地域政策研究3-2，2000，21
　　　〜33頁。
　　　「テクノランドマークの成立過程－テレビ塔を中心に－」地域政策研究
　　　5-1，2002，25〜40頁。
　　　「都市のアメニティとランドマーク」立命館地理学15，2003，1〜13頁。
第3章：「都市におけるランドマーク・マウンテンの成立過程」地域政策研
　　　究17-4，2015，67〜79頁。
第4章：「地理的特異点とランドマークの関係」地域政策研究20-4，2018，
　　　59〜73頁。
第5章：「都市プランの成立とランドマークの機能」地域政策研究16-2，
　　　2014，131〜146頁。
第6章：「都市景観形成のプロセスとランドマークの機能－東京・国立市を

事例に－」地域政策研究，2014，135 〜 151 頁。

第 7 章：「ランドサインの成立過程と地域アイデンティティの関係」地域政策研究 8-1，2005，25 〜 44 頁。

第 8 章：「景観及び空間の構造化に果たすランドマークの役割－パースペクティブ効果を例として－」地域政策研究 18-4，2016，123 〜 136 頁。

第 9 章：「ランドマークの形成と地理的慣性－城郭を中心として－」高崎経済大学論集 39-3，1996，21 〜 42 頁。

「ランドマークの継続性とその要件」地域政策研究 19-4，2017，213 〜 227 頁。

なお，前書『地域とランドマーク－象徴性・記号性・場所性－』（古今書院，2003）の構成は以下のとおりである。

序章

1. イメージ論の展開とランドマーク

2. 空間認知とランドマーク

3. デザイン論とランドマーク

4. 風景論とランドマーク

5. ランドマーク研究の視座

第 1 章　ランドマークとは何か

1. ランドマークとは何か

2. ランドマーク形成の基本要件

3. ランドマークの時代性と継続性

4. 社会システムとランドマーク

5. 生活空間とランドマーク

第 2 章　都市の形成とランドマーク

1. 空間認識とランドマーク

2. 札幌の都市構造とその形成過程

3. テレビ塔建設とその経緯

4. 空間的位置とランドマーク

終　章　199

　5. 都市空間とランドマーク

第3章　城下町におけるランドマークの形成

　1. 城下町と城郭

　2. ランドマークとしての城郭

　3. 現代都市における城郭の利用

　4. ランドマークの形成と地理的慣性

第4章　宗教的ランドマークとしての大観音像

　1. 宗教的ランドマークの基本特性

　2. ランドマークの宗教性

　3. 観音信仰と大観音像

　4. 大観音像に対する住民の意識

　5. 宗教的ランドマークとその要件

第5章　都市のイメージとランドマーク

　1. イメージ形成の諸要素

　2. 観光地化に伴うイメージ形成

　3. 京都のイメージとランドマーク

第6章　地域イメージと自然的ランドマーク

　1. 自然環境と地域イメージ

　2. 自然的ランドマークの要件

　3. 校歌と自然的ランドマーク

　4. 地域イメージと自然的ランドマーク

第7章　日本標準子午線とランドマーク

　1. 地理的位置とランドマーク

　2. 本初子午線の成立過程と日本標準時

　3. 標準子午線の通過と地域の関わり

　4. 標準子午線とランドマーク

　5. 位置決定に伴うランドマークの成立過程

第8章　テクノランドマークの成立過程

　1. テクノロジーの発達と景観の変化

2. 技術発達と鉄塔

3. 日本におけるテレビ塔建設の過程

4. シンボルゾーンの形成とテレビ塔

5. 地域のシンボルとテクノランドマーク

第9章　地域づくりとランドマーク

1. 地域アイデンティティとランドマーク

2. ふるさと創生事業の概要

3. 自治体の取り組み

4. ランドマークの成立

5. 地域づくりとランドマーク

終章

　本書および前書を通じて，景観（ランドスケープ）におけるランドマークの諸特性，そして意味（ミーニング）について考察してきた。そこで明確になったことは，ランドマークが地域アイデンティティを表象するものであり，人々の行動を支え感性を育むことに欠かすことのできない存在となっていることであった。とくに，アイストップ，ビューポイント，空間ポイントとしての役割と重要性だった。

　ランドマークは，常に一定で恒久的なものは稀で，自然の変化，人間の営みの変遷により，継続するもの，消滅するもの，そして新たに生み出されるものなどに分かれるのであろう。しかし，景観構成要素としての意味あるランドマークは，時の一断面における存在としてその役割を果たしていくものといえよう。

　このささやかな分析・考察が今後の景観研究・ランドマーク研究の進展に寄与することができれば幸いである。

あとがき

　前著『地域とランドマーク－象徴性・記号性・場所性－』（古今書院，2003年）を上梓してから十数年が経過した。その間，私自身ランドマーク研究の深化を図ることや，勤務校でのランドスケープ論の講義に使用する写真を撮るために国内外を巡ることができた。その経験・体験を通じて得られた知見をまとめたものが本書のもとになっている。

　デジタル技術の進歩・発展はデジタルカメラを生み出し，ソフトウェアにより画像処理が容易になり，プレゼンテーションの視覚化が一気に進んだ。外国に出かける際，写真フィルムを何十本もスーツケースに入れ，帰国後に現像した写真を見て落胆することも多かった時代からすると隔世の感がある。今では，ポケットに入るデジカメを持ち，様々な角度からランドマークを撮影し，その場で画像の確認を行うことができる。そして，高精細度テレビは高品位な映像・画像をモニターに映し出してくれる。世界各地の映像から多くのヒントが得られた。ランドマーク研究を進めるに際し，これらの技術発達の恩恵を大いに享受してきた。

　私は1996（平成8）年，高崎経済大学に地域政策学部が設置されたのと同時に着任し，地理学および関連科目を担当してきた。その後，2006（平成18）年，同学部に観光政策学科が開設され，1年後にランドスケープ論の講義が開講されたことから，同科目を担当することになった。景観についての講義だが，中心テーマとしてランドマークを位置づけ，その定義や要件を説明し，地域アイデンティやその意味（ミーニング）を解説してきた。百聞は一見に如かずの言葉どおり，画像を提示し説明するスタイルとなった。ある学生が「講義中で見

たイギリス・ロンドンの旧グリニッジ天文台に行ってきました」と報告に来てくれた時，少しは興味を持ってもらえたかと，とても嬉しく思ったことが記憶に残っている。

　ランドマーク研究の楽しさは，フィールドワーク，インドアワークを通じて得られる。そして，様々な感慨を抱くことができ，新たな発見も得られる。2008（平成20）年に出かけたポルトガルでは，リスボンの街歩きとともに，テージョ川沿いに佇むヴァスコ・ダ・ガマの偉業を称えるために造られた「ベレンの塔」やエンリケ航海王子が先頭に立つ「発見の塔」を見て，大航海時代に思いを馳せた。そして，シントラのロカ岬では眼前に広がる大西洋を眺め，ヨーロッパ大陸最西端への到達感に浸ることができた。また，2016（平成28）年に旅したハワイのオアフ島では，ワイキキの浜辺に立つホテルの客室から旅行案内書で見慣れた海岸線とその先に見えるダイアモンドヘッドを飽きるほど眺めた。翌日，そのダイアモンドヘッドに登っていくと，眼下に円形の火口が広がっていた。その時初めて，ワイキキ海岸から見えるダイアモンドヘッドは山の外壁の一部が視野に入るに過ぎないことが理解できた。本書で取り上げたスコットランドのエディンバラの花時計を写真に撮った時，それが世界最初の花時計とは気づかなかった。調べていくうちにスイスのジュネーブの花時計，その影響を受けた神戸の花時計といった結びつきがあること，それが品川区との縁にもなっていることが不思議で面白かった。このような気づきが調査・研究の出発点になったように思う。

　なお，これまで多くの方々との出会いと支えがあった。今は亡き立命館大学の元総長・学長の谷岡武雄先生からは博士論文審査講評の中で，ランドマーク研究を「地理学者の意表をついた」と評していただいた。地理学および景観学の隙間を埋めるにすぎない研究だが，しっかり取り組みなさいとの励ましだったと理解している。なお，同審査を行っていただいた立命館大学名誉教授の須原芙士雄先生，吉越昭久先生，そして都市地理学の道標となっていただいた同大名誉教授の鈴木富志郎先生にも御礼を申し上げたい。京都教育大学の香川貴志先生には，前著および他著の書評を行っていただいた。センスの良い文章と客観的な評価が筆者にとり大いに励みとなり，新たな視点をご教示いただいた。

本学赴任以後は，多くの方々とお付き合いいただき，また恵まれた研究環境に身をおくことができた。大学の先輩，同僚としての戸所隆先生（本学名誉教授），学問分野の近い西野寿章先生には多方面でのご指導をいただいた。改めて感謝申し上げたい。

　20期を数える多くのゼミ生達には，卒業時に「一生懸命と一所懸命」の言葉を贈ってきた。何事にも前向きに取り組んでほしいという願望だが，自らにも課してきた座右の銘である。この度，区切りをつける時を迎えこの言葉を実践できたか甚だ心許ないが，自由にランドマーク研究に取り組むことができたことの幸せを感じている。とはいえ，研究には終わりがなく常に進展が求められるものである。今後も心して研究の深化を計りたいと考えている。

　最後になりましたが，本書の刊行を快諾された古今書院の橋本寿資社長と大学同窓の縁で編集を担当していただいた原 光一氏に深く感謝の念を捧げます。なお，本書は平成30年度高崎経済大学競争的研究費（学術研究図書出版助成金）の交付を受けたものである。

事項・人名索引

[ア行]

アイアンブリッジ　17

アイストップ　10,11,22,23,25,37,38,40,47,49-
52,54,56,58-61,63-65,68,71-74,77,79,83,84,109,
112,117,122,123,126,131,133,141,144,147,148,
155-163,165,166,168-171,173,175,176,187,188,
192,195,196,200

明石海峡大橋　16

アギア・トリアダ修道院　90

アスパム　11,12

吾妻橋　62

アプト式　91

アメニティ　1,23-28,31,35-37,39,40,46-50,52,
54,55,63-65,156,195

アリアナ美術館　43,44

アンカー（錨）　7

アンカー・ポイント　6,7,109,133

安中宿　146

囲郭都市　50

錨形　148,151

錨山　150

錨山電飾　149

イギリス公園　34-36,40

イサム・ノグチ　70

石井幹子　155

銀杏並木　126,164,165

一里塚　1

伊藤忠太　129

犬山城　182

意味（ミーニング）　16,21,38,68,84,88,97,104,
105,109,123,160,161,177,192,193,200

岩崎小彌太　190

岩崎彌之助　190,191

ヴァスコ・ダ・ガマ　18,19

ウィーン万国博覧会　43

ウィルヘルム1世　93

ヴェルサイユ宮殿　107,173

ヴェルサイユ庭園　175

ウォーターフロント　77

碓井第三橋梁　91

エーレンブライトシュタイン要塞　92,93

エッジ　3-5,111,165

エッフェル塔　22,51,58,62-64,187,195

エディンバラ城　28,29

エドゥアルドⅦ世公園　161

江の島シーキャンドル　185,186

江ノ島電鉄　185

江ノ島灯台（江の島シーキャンドル）　185,
186,192

エポック・メイキング　61,133

襟裳岬灯台　96

遠近法　11

エンリケ航海王子　18

延暦寺　67

大阪駅　14

大通（公園）　52,54,56,60,63

オスマン（Haussmann, G.）　50

小田原ちょうちん灯台　18

オットー・スプレッケルセン（Spreckelsen, J. O.）
50

オベリスク　51,159

折下吉延　165

事項・人名索引　205

[カ行]

絵画館（聖徳記念絵画館）　126,164
凱旋門　50,51,57,107,108,116,159,187
凱風快晴　10
学園都市　110,111,114,123,125,126,129,131,132,
　137,138
学園都市開発　110
学園都市構想　129
開拓使　52,80
片山東熊　176
葛飾北斎　9
加藤清正　193
金沢市役所　37
金沢城　72
カナール　166,167
雷門　21,22
カルヴァン　32-34
寛永通宝　145
環状グリーンベルト構想　166
カントリーサイン　20,21
記号性　1,8,11,13,20,21,24,38,48,65,68,108,126,
　157,176,192,195
ギザン通り（Guisan）　35
紀州徳川家　176
北前船　153
北前船（正面）　152
北前船（側面）　152
北見駅　120-122
北村西望　171
旧グリニッジ天文台　103
ギュスターヴ・エッフェル　51
行幸通り　12,174,175,188,191
京都タワー　186
清里駅　100
清水寺　22
近代化遺産　54,64,91
空間イメージ　1,108,192,195
空間軸　11,52,196

空間的特異点　23
空間的認識軸　52
空間デザイン　11,160
草津追分　99
草津宿　99
国立駅　72,111,114,115,125,128,129,131,133,137
国立駅舎　113,126,130,134,137-139
国立音楽大学　131
国立文教地区　132
熊本城　193
グリッド・パターン　111,120,122,128,165
グリニッジ子午線　87
グリニッジ天文台　13,87
黒田清隆　52
グロリエッテ　173,174
経緯度交会点　87,102
経緯度交会点標示塔　103
経緯度交差点　103,104
計画的都市プラン　125
迎賓館　176
ゲートウェイ　68,75,115,121
欅並木　126
原爆ドーム　22,163,164
玄武（山）　67,107
原風景　1,87,192,195
皇居　109,133,174,175,188,190
公共的（パブリック）イメージ　9
甲武鉄道（現：JR中央線）　114
神戸フラワーソサエティ　41
神戸ポートタワー　15,59,184
国道最高地点　99,100
五山送り火　68,144
越澤明　164
個人的イメージ　9
コニーアイランド　187
小淵沢駅　101
小諸駅　101
五稜郭　77,79,182-184

五稜郭タワー　77,182,183,192
ゴレ（リ）ッジ（Golledge, R. G.）　7,109,133
コンコルド広場　50,51,57,107,159

[サ行]
サイン（sign）　20
サクレクール寺院　51
佐多岬灯台　94,95
札幌駅　189,190
札幌駅ビル　188,189
さっぽろテレビ塔　59-61,189
佐野善作　138
ザ・マル（The mall）　159
三角測量　73
三角点　69,73,74,77,82
山紫水明処　67
三条大橋　97,98
山麓電飾　149,151,152
シーズ seeds（種）　23,156
シェーンブルン宮殿　173-175
ジェロニモス修道院　19
時間軸　107
市章山電飾　149
四神相応　67,107
視点場　160
品川シーサイドフォレスト　45
視認性　22
視認性・認知性　1,13,22,24,38,48,65,68,108,126,
　157,176,192,195
渋沢栄一　112,115,116
渋沢秀雄　116
シャイヨ宮　51
シャルル・ド・ゴール（エトワール）広場
　51,108
ジャン・カルヴァン　32
ジャン＝ジャック・ルソー　32
シャンゼリゼ通り　50,51,57,107,159
シャン・ド・マルス　51

自由の女神像　64
重要文化財　91
ジュネーブ（ヴ）平和通りの標識（Avenue
　de la Paix）　44,45
城郭　56,179,180,181,192
象徴性　1,8,13,18,24,38,48,65,68,108,126,157,
　176,192,195
条丁目　53,56,60,119,120,122
条坊制　67,107
正力松太郎　55
殖民区画　119-121,123
ジョン・マクハティー　26
新凱旋門（グラン・アルシュ）　50
新宿追分　99
新世界　59,186,187
シンボルゾーン　51,56-60,63,110,133,188
シンメトリー（左右対称）　107,115,163,170
シンメトリカル（左右対照的）　162
図　9,10,80,195
スコットの記念塔　29,31
朱雀大路　107
青函連絡船　77,170
清正公園　154,155
世界遺産　17,50,68,90,92,142,160,174,181,192
石北線　121
雪形　74
瀬戸大橋　16
銭形　145,146
戦災復興事業　56,57
浅草寺　21,22,62
セントラル・パーク　57
宗谷岬灯台　95
測量山ライトアップ　83

[タ行]
ダービー父子　16
大極殿　107
大噴水　36

事項・人名索引　207

大噴水（jet d'Eau）　34
台北101　71,72
「大・丸・有」（大手町・丸の内・有楽町）　191
大文字　68
タウンシップ制　119
高崎駅　4,5
高崎市役所　3-5
高田屋嘉兵衛　153
武田斐三郎　182
田﨑宣義　130
辰野金吾　109,133,188
玉川上水　130
多摩川風致地区　116
丹下健三　163
地　9,10,80,195
地域アイデンティティ　1,13,14,16,21,23,24,26,
　27,48,68,74,84,87,105,110,118,123,133,134,
　138,139,141,144,147,148,153,155-158,174,177,
　179,192,193,195-197,200
チキュウ岬灯台　18
忠犬ハチ公　16,19
忠犬ボビー　16,19
調布駅　116
地理的慣性　108,138,180,190
通天閣　59,186,187,192
堤康次郎　110,129,138
坪野平太郎　148
ディストリクト　3-5
テクノスケープ　54,55
テクノランドマーク　25,49,51,54,55,56,61-
　65,83,195
デザイン灯台　16
鉄道最高地点　100
田園調布駅　116,118
田園調布会　116
田園都市　110,115,116,123,137
田園都市構想　110,115,125,129
天守閣　179,180,182,192

伝統的建造物群制度　181
伝播（diffusion）　26,27,36,37,47
ドイチェス・エック（ドイツの角）　92,93
東海道　97-99
東京スカイツリー　61,62,195
東京タワー　10,56,60-62,64,184,195
東京駅　12,109,133,174,175,188,191
東京高等音楽学院（現：国立音楽大学）
　111,165
東京商科大学（現：一橋大学）　111,129,138,
　165,166
東京大学　132
東京都文教地区建築条例　132
登録文化財制度　181
徳川家康　56
特定街区制度　190
都市景観形成条例　134-136
都市軸　11,50,52,107,159,160,195,196
都市デザイン　6,11,160,165
都市プラン　67,72,107-109,111-113,115,117-
　119,122,123,125,127,133,137,159,166,196
ドライレンダー・エック　93
トラファルガー広場　159
鳥居形　68
屯田兵村　119,120

［ナ行］
内藤多仲　58-61,186
長崎国際文化都市建設法　171
長崎平和公園　171
中山道　91,99,146
中野付牛屯田兵村　119
名古屋テレビ塔　55,56,58-60,64,186
ナスカの地上絵　142
日本経緯度原点　73,87
日本国道最高地点　99
日本国道路元標　97
日本最北端の駅　101

日本最北端の地　94,95
日本橋　97,98
日本標準子午線　103
認知性　22
幣舞公園　39
幣舞橋　40
ネオバロック様式　176
ノード　4,5,7,14,51,109,133,188,196
ノートルダム寺院　50
野付牛駅　119
野辺山駅　100,101

[ハ行]
パースペクティブ（遠近感）　112,128,131,159,
　160,162,164,166,167,168,170,174,176,177,196
版籍奉還　180
廃藩置県　180
函館山ロープウェイ　79
箱根土地（開発）　110,111,114,129,133,138,166
場所性　1,13,18,19,21,22,24,38,47,48,65,68,70,
　87,104,105,108,126,157,176,192,195
パス　4,5,7,16,72,113
八幡坂　170
八幡坂通　170,171
バッキンガム宮殿　159
発見のモニュメント　18,20
花時計　26-28,30,31,33-43,45-47,167,168,195
花時計（L'horloge-fleurie）　35
花時計（品川シーサイドフォレスト）　45
ハプスブルク家　173
パブリックイメージ　2,188,196
早坂 暁　153
ハリウッドサイン　74,143,156,196
パリ万国博覧会　43,51
ハルツ山鉄道　91
バルトルディ　64
ハワード（Howord, E.）　110,115,129
比叡山ドライブウェイ　67

氷川丸　170
ピクトグラム　20,74,141,148
彦根城　182
ピサの斜塔　15
久屋大通　57,58
ビスタ　77,83,109,112,117,133,159,160,162,163,
　165,166,172-174,176,188
ビスタ（眺望）　133
ビスタ・アイストップ（型）　11,159,160,162,
　164,167,170,174,176,177,196
左大文字　68
一橋大学　126,129,130,131,135,137
姫路駅　160
姫路城　160,161,181,182
白衣大観音像　5
ビューポイント　47,49-52,54,58-61,63-65,68,
　72,77,83,84,109,117,122,123,131,133,167,195,
　196,200
標準子午線　13
日和山　73
広島平和記念公園　162,163,164
広島平和記念都市建設法　163
フィッシャー・フォン・エアラッハ　170
風水思想　67
富嶽三十六景　9
富士講　68
藤沢南岳　186
富士信仰　68
富士塚　68
富士見坂　68
富士見通　72
藤原行成　155
船形　68
ブラショフサイン　144
フラワーロード　41
プリンシィズ・ストリート　28,29,31
プリンシィズ・ストリート・ガーデン（Princes
　Street Gardens）　29,31

事項・人名索引　209

文化財保護法　181
文教地区　126,131,132,138
文教都市　135,137
平安京　72,107
平城京　107
平和祈念像　171,172
ベレンの塔　19
ホーエンザルツブルク城　169,170
北極星　107
北国街道　99
ボタ山　69,70
ホリールード宮殿　28
本初子午線　102,103
品川寺　43,44,46

[マ行]
マイルストーン（里程標）　1
マウンド（The Mound）　31
前田森林公園　166,167
前田利嗣　166
摩周丸　170,171
マゼラン　18
松井田宿　146
松浦武四郎　82
松江城　182
松方正義　190
松本城　182
間宮林蔵　95
マリア・テレジア　173
マルケス・デ・ポンバル広場　162
丸の内ビルディング　190,193
ミーニング　1,22-24,27,36,43,47,48,84,113,133,
　　141,147,148,156,157,161,170,174,195,197
三国山　72
みなとみらい21　184,185
宮崎辰雄　40
妙義神社　146
妙義神社のランドサイン　146

妙法　68
ミラベル宮殿　170
ミラベル庭園　169,170
武蔵小金井駅　130
村野藤吾　176
明治神宮外苑　164,165
メテオラ　90
メンタルマップ　16,108,122
モエレ山　69,70
モーツァルト　170
モンブラン橋（Pont du Mont-Blanc）　32-35

[ヤ行]
夜景遺産　80
矢部金太郎　116,117
山アテ　73,161
山下公園　185
湯村温泉　153-155
夢千代日記　153,155
洋行帰りの鐘　43
横浜マリンタワー　59,184,185,192
吉野公園　167,168
頼山陽　67

[ラ行]
ライティング　10
ランドサイン　8,23,27,28,31,37,47,74,113,141-
　　145,147-151,153-158,196
ランドスケープ　200
ランドマークタワー　185
ランドマーク・マウンテン　67,68,72-75,77,
　　79,80,82-84,144,161,167,168,172,174,196
陸軍省　180
陸繋砂州　10,75,77,80,170
陸繋島　10,77,80,170
里程元標　97,98
リベルダーデ大通り　162
リンゴ並木　126

リンチ（Lynch, K.）　2,4,5,9,109,113,133,188
ルイ 14 世　107
ルイス・デ・カモインス　95,96
ルーブル宮殿　50,107
ル・ノートル（Le Notre, A.）　107,175
レインボーブリッジ　16
レジビリティ　2,23,24,48,84,109,113,123,133,
　141,150,156,177
ロイヤル・マイル　28,29,31
ローマ帝国　1
ローレライ　92
ロマネスク風建築　126
ロマネスク様式　34,129,130

[ワ行]
ワーフィールド　82
分去れの常夜灯　99
分去れの碑　99
若宮大通　57
早稲田大学　132
和田倉門　174

稚内駅　101

[A–Z]
Avenue de la Paix（平和通り）の標識　44
District　2
Edges　2
Golledge　6
Golledge,R.G.　7
JP タワー　188,191,193,189
JR 北見駅　121
JR 小海線　101
JR 最高地点　101
JR 最高地点駅　101
JR 最高地点（1,375m）の碑　100
JR 札幌駅・JR タワー　189
JR 東京駅　191
landmarks　2,4,5
nodes　2
paths　2

地名索引

[ア行]

青森　11,75

青森市　12

浅草　22

足利市　147

足利市の大小山　146

愛宕山　67

荒川　61

安中市　91

安中市（旧松井田町）　90

飯田市　126

飯塚市　69,70

錨山　74,148-152

生駒山　75

石巻市　73

稲佐山　171,172

犬山市　182

ウィーン　173

碓氷川　3,4

碓氷峠　90

卯辰山　72

エギュイーユ・ドュ・ミディ　88,89

蝦夷富士（羊蹄山）　73

エディンバラ（エジンバラ）　16,19,26-31,47,
195

エディンバラ市　26

絵鞆半島　80

江の島　185,186

荏原郡調布村　115,116

えりも町　96

襟裳岬　96,97

オアフ島　71,72

大潟村　102

大北山　68

大阪　59,186

大阪市　59

大隅半島　95

大津市　36

小田原市　18

オホーツク海　101

表参道　126

[カ行]

開聞岳（薩摩富士）　73

鹿児島　168

鹿児島市　167

金沢　72

鴨川　98

烏川　3,4

樺太（サハリン）　101

軽井沢　99

軽井沢町　90,99

観音寺　145

観音寺市　145,146

観音山　5

北見市　119-121

衣笠大北山　144

喜望峰　196

京都　22,67,144

京都・東山如意ヶ嶽　145

錦江湾　167

釧路　38,39

釧路市　39
沓掛　99
国立　110-114,116,123,126,127,129-132,136,138,
　　139,165
国立市　72,109,110,113,125-127,129,134,135,
　　137,139
熊本市　193
ゲッチンゲン　110
神戸　40,42,74,148,149-151,153,195
神戸市　36,37,40-43,47,74,142,148,149,150,152,
　　153,153,155-157
小金井　130
国分寺　130
甲武信岳　72
コブレンツ　91,92

[サ行]
酒田市　73
嵯峨鳥居本曼荼羅山　68,144
桜島　167,168
佐多岬　95
札幌　53,56,60,80,166,189
札幌市　52,60,63,69-71,166,167,189
ザルツァッハ川　169
ザルツブルク　169
三本檜岳　72
シアトル　43,43
四獣山　72
市章山　74,148,150-152
シテ島　50
品川　46
品川区　43-45
信濃追分　99
渋峠　99
渋谷区　19
シャモニー　88,89
シャモニー・モンブラン　88
ジュネーブ　31-36,40,43,46,47

ジュネーブ市　43-46
上越市　99
上毛三山　73
白根山　99
新温泉町　142,153-157
シントラ市　96
スコットランド　16,26,28,29,47,195
隅田川　16,61
諏訪山　148
セーヌ川　50,51
宗谷海峡　101
宗谷岬　93,103
象山　71,72
測量山　68,81-83

[タ行]
ダイアモンド・ヘッド　70-72
大小山　146,147
台東区　21
台北　72
台北市　72
高崎　5
高崎市　2,4
高山村　99
立川市　126,131
千島列島択捉島　103
知利別川　80
津軽富士（岩木山）　73
手稲区　166,167
手稲山　167
テージョ川　18,19,161,162,171
出羽三山　73
田園調布　109,115-117,123
堂徳山　74,148,152
トゥンパ山　144
トーマ湖　93
鳥羽市　73
富岡市（旧：妙義町）　146,147

トランシルヴァニア地方　144

[ナ行]
長崎　10,80,171,172
長崎市　172
中之条町（旧六合村）　99
中野付牛　119
長野原町　99
名古屋　56-58
名古屋市　56-58,63
ナポリ　10,80
西賀茂船山　68,144
西脇市　103,104
日本橋川　97
ニューヨーク　64,187
野付牛（現：北見市）　119

[ハ行]
バーゼル　87,93
函館　10,68,75,77,78,80,170
函館市　76,77,170,182
函館山　10,68,75,77-80,83,170
函館湾　170
八郎潟　102
パリ　22,50-52,58,64,107,116,159,187,195
ハリウッド　74,143,196
春来川　153,154
榛名富士（榛名山）　73
比叡山　67
東山三十六峰　67
東山如意ヶ嶽　68,144
ビクトリアピーク　11
彦根市　182
日高山脈　96
姫路　160
姫路市　182
広島　22,162,163
広島市　163

ビンゲン　92
ピンドス山脈　90
藤沢市　186
富士山　9,68,72,73,112,160,166,196
船岡山　67,72,107
ブラショフ　144
ブラックヒル　143
ホーン岬　196
北信五岳　73
穂高連峰　72
ボン　92
ホンコン　10,11,80,172
本郷　132

[マ行]
マインツ　92
前橋市　126
松江市　182,182
松ヶ崎西山・東山　68,144
丸の内　109,133,188,190,191
妙義山　146
室蘭　68,80
室蘭市　18,81-83
モーゼル川　91-93
モナコ　172
モンブラン山　88,89
紋別市　20
モンマルトルの丘　51

[ヤ行]
八重洲　188
八重山諸島波照間島　103
八重山群島与那国島　104
大和三山　72,73
横手山　99
横浜　170,185
横浜市　184,185

[ラ行]
ライン川　87,91-93
ラシュモア山　143,144
リー山　74,143
リスボン　18,20,161,162,171
リバティ島　64
リューデスハイム　92
ルソー島　32
レッチワース　116
レマン湖　32,34,36
ローヌ川　32
ロカ岬　95
ロサンゼルス　74,143,196

ロサンゼルス市　143
六甲山　74,148,153
ロレーヌ地方　92
ロンドン　159

[ワ行]
ワイキキ・ビーチ　70-72
鷲別岳　80
鷲別川　80
早稲田　132
稚内市　101

［著者紹介］
津川康雄（つがわやすお）

1953 年　東京都生まれ
1982 年　立命館大学大学院文学研究科地理学専攻博士後期課程単位取得満期退学
1996 年　高崎経済大学地域政策学部専任講師
1999 年　高崎経済大学地域政策学部助教授
2004 年　高崎経済大学地域政策学部教授（現在に至る）
学位　博士（文学）（立命館大学）
専門　人文地理学（都市地理学，ランドマーク研究）
主要業績　『中心地研究の展開（分担）』大明堂，1987
　　　　　『地域分析の技法（共著）』古今書院，1988
　　　　　『地域とランドマーク－象徴性・記号性・場所性（単著）』古今書院，2003
　　　　　『都市の景観地理 日本編Ⅰ（分担）』古今書院，2007
　　　　　『地図で読み解く江戸・東京（監修）』技術評論社，2015
　　　　　『タワー－ランドマークから紐解く地域文化－（単著）』ミネルヴァ書房，
　　　　　　2016

ランドマーク－地域アイデンティティの表象－

平成 30（2018）年 11 月 20 日初版第 1 刷発行
著　者　津川康雄
発行者　株式会社 古今書院　橋本寿資
印刷所　株式会社 太平印刷社
発行所　株式会社 古今書院
〒 101-0062　東京都千代田区神田駿河台 2-10
Tel 03-3291-2757
©2018　Yasuo TSUGAWA
ISBN978-4-7722-9014-2　C3036
〈検印省略〉　Printed in Japan

いろんな本をご覧ください
古今書院のホームページ

http://www.kokon.co.jp/

★ 800点以上の**新刊・既刊書**の内容・目次を写真入りでくわしく紹介
★ 地球科学やGIS，教育など**ジャンル別**のおすすめ本をリストアップ
★ 月刊『**地理**』最新号・バックナンバーの特集概要と目次を掲載
★ 書名・著者・目次・内容紹介などあらゆる語句に対応した**検索機能**

古 今 書 院

〒101-0062　東京都千代田区神田駿河台2-10
TEL 03-3291-2757　　FAX 03-3233-0303
☆メールでのご注文は order@kokon.co.jp へ